课程育人新坐标丛书　　高峰　杨四耕　丛书主编

境脉学习
英语课程实施新取向

刘喜红 等◎著

华东师范大学出版社
·上海·

图书在版编目（CIP）数据

境脉学习：英语课程实施新取向/刘喜红等著. —
上海：华东师范大学出版社，2023
（课程育人新坐标丛书）
ISBN 978 - 7 - 5760 - 3921 - 4

Ⅰ.①境… Ⅱ.①刘… Ⅲ.①英语课—课程建设—研
究—小学 Ⅳ.①G623.312

中国国家版本馆 CIP 数据核字（2023）第 137044 号

课程育人新坐标丛书
境脉学习：英语课程实施新取向

丛书主编 高 峰 杨四耕
著 者 刘喜红 等
责任编辑 刘 佳
项目编辑 林青荻
特约审读 徐思思
责任校对 李琳琳
装帧设计 卢晓红

出版发行 华东师范大学出版社
社 址 上海市中山北路 3663 号 邮编 200062
网 址 www.ecnupress.com.cn
电 话 021 - 60821666 行政传真 021 - 62572105
客服电话 021 - 62865537 门市（邮购）电话 021 - 62869887
地 址 上海市中山北路 3663 号华东师范大学校内先锋路口
网 店 http://hdsdcbs.tmall.com

印 刷 者 常熟市文化印刷有限公司
开 本 787 毫米×1092 毫米 1/16
印 张 13.25
字 数 124 千字
版 次 2023 年 9 月第 1 版
印 次 2023 年 9 月第 1 次
书 号 ISBN 978 - 7 - 5760 - 3921 - 4
定 价 46.00 元

出 版 人 王 焰

（如发现本版图书有印订质量问题，请寄回本社客服中心调换或电话 021 - 62865537 联系）

丛书编委会

主　编　高　峰　杨四耕

副主编　刘喜红

成　员
高　峰　杨四耕　张　哲　刘喜红　徐建梅
姚耐孔　康朝霞　王志宏　刘　青　郭　涛
巴　川　张进亭　李建伟　王华月　关延杭

本书参著人员（以姓氏笔画为序）：

马　蕾　马东方　王华月　王洪斐　方　楠
刘喜红　安　瑞　许蒙蒙　李　翔　李建伟
李盼盼　杨白翼　杨伟伟　汪　菁　张　华
张　艳　张进亭　张喜兵　张斐斐　赵　莉
席　娟

丛书总序

 课程是生成性过程,课程变革需要激活包括教师和学生在内的课程实践过程,回归课程的生成性品格。课程的生成性品格客观上要求我们关注课程管理的生成性过程,彰显课程管理的过程性、境遇性、关系性和创造性。课程育人是不断生成的过程,它聚于目标、起于问题、成于制度、归于文化。

 美国管理学大师彼得·德鲁克在《管理的实践》一书中指出:我们并不是有了工作才有目标,而是相反,有了目标才能确定每个人的工作。[①] 他提醒我们:组织一定要当心"活动陷阱",不能只顾拉车不抬头看路,最终忘了自己的目标。泰勒指出:课程研制必须关注确定基本目标、选择学习经验、组织学习经验和评价学习结果等连续循环的过程。[②] 按照怀特海的观点:过程是终极范畴,现实存在的"存在"是由其"生成"所构成的。[③] 因此,目标是生成的,具有过程属性。我们必须用生成性过程观看待泰勒的课程研制原理,深刻理解"目标——内容——经验——评价"这个"合生"过程,而不是原子化地将它们作机械割裂的理解。事实也应该如此,过程是有目标的过程,课程开发不是漫无目的的"撒野",育人目标是内生于课程之中的,课程是基于育人目标导引的连续生成过程。

 在课程变革过程中,学校课程管理要按照全面发展的要求,确立育人目标,基

---

① 邱国栋,王涛.重新审视德鲁克的目标管理——一个后现代视角[J].学术月刊,2013,45(10):20—28.
② (美)拉尔夫·泰勒.课程与教学的基本原理[M].施良方,译.北京:人民教育出版社,1994:2.
③ (英)怀特海.过程与实在:宇宙论研究(修订版)[M].杨富斌,译.北京:中国人民大学出版社,2013:29.

于此目标建构课程,推进立德树人根本任务的实现。可现实情况是,我们很多学校"有课程内容,无育人目标;有育人目标,无课程目标;有课程目标,无目标管理",由此造成了"课程离心化"倾向。在这些学校,课程不是为了育人,而是为了育分;不是为了育完整的人,而是为了育单向度的人。当然,这在本质上也取消了目标——人因此悄悄地消失了。

课程的价值实现要以人的发展为旨归,基于过程哲学的目标管理是在学校内部建立"过程——目标"合生体系,进而把所有人有机联系起来,使集体力量得以最佳发挥。学校课程变革应基于理性精神之诉求,按照过程哲学指引下的目标管理要求,围绕育人目标的实现来推进课程育人过程。首先,确定学校育人目标。育人目标的确立必须依据全面发展的要求,结合学校课程理念,清晰地刻画育人图像。清晰刻画育人图像应符合全面发展的意涵与要求,五育融合,切合实际,与学生的心理年龄和发展阶段相适应,表述应通俗易懂、生动形象。其次,厘定学校课程目标。学校课程目标是育人目标的年段要求和具体表现,它可以对照国家课程方案的总体要求,并与学校的特定实际有机结合。最后,建构学校课程体系。基于课程目标,建构学校课程体系:横向上,要求对学校课程进行逻辑梳理与分类,搭建学校课程框架;纵向上,要求按照年级与学期时间序列匹配课程,形成支持目标实现的课程设置。可以说,学校课程体系的建构是目标导引的理性精神照耀学校课程变革的过程,体现了育人目标同课程目标的完美结合,展现了把课程作为"跑道"和作为"奔跑"过程的有机结合。因为,"从关系和时间视域看,过程标志着现实存在之间的本质联系,标志着现实发生从过去经过现在流向未来"①。

由此观之,课程育人是充满人文情怀的目标驱动过程。学校应倡导团队成员通过他们自己的语言以及社会互动来形成并宣传有关育人目标和课程目标的独特界定,用这样的独特界定来驱动学校课程管理,进而确证育人目标在课程内容的丰富和课程实施的活性上得到落实。如此,在课程建设过程中,目标管理可以使组织成员对自己的"育人身份"产生特殊的认同感,而这种认同感可以由他的专业眼光来定位,并在课程开发中形成育人的敏感性、共识性和自觉性。

---

① 杨富斌,等.怀特海过程哲学研究[M].北京:中国人民大学出版社,2018:253.

不同的时代,有不同的育人主题;不同的学校,有不同的育人取向。此时代的课程育人表现出有别于其他时代的鲜明特征,具有人本化育人、系统化育人和特色化育人等特点。学校课程深度变革必须回归教育初心,落实立德树人根本任务。对中小学来说,课程改革必须全面理解课程改革的国家意志、提升课程自觉,创造性地提出课程育人的新理念、新思路和新方法,为学校课程治理现代化贡献力量。

"课程育人新坐标丛书"是郑州市管城回族区推进"品质课程"项目的成果。全区 20 所学校围绕课程品质提升,在学校课程变革方面积极探索,取得了可喜的成效。他们的实践证明:课程育人是一种理念,必须推进学校教育哲学的同步变革;课程育人是一种机制,必须重构学校课程系统的结构和功能;课程育人是一种行动,必须在文化建设、课程设计、路径激活和管理更新上下功夫。课程育人是回归教育初心的行动路径和实践方略,是课程的工具属性与价值属性的统一,是内容增值和路径创新的统一。

杨四耕

2023 年 2 月 11 日于上海市教育科学研究院

目录

　　学习并不是孤立存在的，它是通过学习者与内外环境的相互影响，进一步融合，产生联系获得知识的过程。对于境脉学习而言，其首要任务就是情境的创设与营造。教师通过内外环境，关注儿童的思想和情感、思维与能力；通过客观环境与实践场所，达到体验场域聚合。这样的情境，促使儿童全身心投入课程中，进而产生探究的乐趣以及积极向上的美好憧憬。因此，情境的创设需要借助生活场域，融合课程知识、衔接学科内容，通过迁移与运用，让儿童真正感受到学有所用，能够学以致用。

　　真实的课程拥有真实的学习场域，真实的学习场域具有真实的交际活动，真实的交际活动聚焦真实的认知过程，真实的认知过程指向具体的学习内容。课程学习要紧贴日常生活中鲜活多样的素材，要利用真实的学习材料，在实际问题中诱发真实思考，将所学知识运用到现实生活中去。基于实际问题，教师充分搜集和利用生活中真实的材料,创设真实的学习情境,让问题走进真实生活,引导儿童发现真实问题,完成课程的真实建构。真实性的课程在无形中提升了课堂的教学效果,在一定程度上辅助儿童发现真实的生活。

第三章　│　**实践性：在探索研究中感知语言奥妙**　　**57**

语言不仅是沟通的工具,而且是思维的工具。在真实语境中寻求生活的含义,感悟童年的美好;在丰富实践中体会情感的变化,感悟生活的幸福;在交流互动中体验语言的博大,感悟心智的成长。在课堂上创设富有情感色彩、探索体验的场景,鼓励学生积极参与和实践。用声情并茂、丰富多彩、幽默风雅的课堂让学生的语言学习多一些思考的情境,多一些活动的空间,多一些自我表现的机会,使其在探索研究中感悟语言的奥妙。

第四章　│　**关联性：在情境体验中探寻言语关系**　　**85**

风趣幽默的语言情境,缩短了课堂中师生的距离;丰富有趣的游戏情境,提升了课堂中的学习效果;生动形象的学习情境,丰富了课堂中的情感体验。在各式各样的学习情境中,新的问题不断生发,引发新的思考。在学习的过程中,言语关系体现在情境体验中,学习兴趣、学习内容与个人经历之间建立有意义的联系,个人在学习中激活并关联已有认知,在不同的情境中探寻语言的关联,最终在不同主题情境中真正理解语言。

第五章 ｜ 交互性：在开放情境中建构互动共同体　103

境脉学习是真实情景与儿童内心的交互活动。真实的情境引发儿童的思考,开发儿童的潜能。通过真实生活情境的创设,真正激发儿童内心对学习的兴趣,儿童与儿童、儿童与老师在开放的情景系统中畅所欲言,相互影响,共同构建学习共同体,驱动英语成为儿童交流的工具。儿童在交流中学会表达与倾听,在讨论中碰撞出思维火花,在感悟中邂逅主题意义;教师也能在交流中适时地调整教学策略,令课堂内外充满生机,点燃儿童的学习热情。

第六章 ｜ 思辨性：在互动思维中促进语言重构　129

境脉学习是儿童思考、辨析、解决问题的实践活动。儿童在主题情境中,通过实践、反思探索新知。在动态课堂活动中,儿童能主动将已有的学习经验与即将学习的知识形成互动,促进对知识的梳理与思考,在问题解决中加深对主题的理解,在迁移中重构语言知识脉络,在交流中促进高阶思维,在协同互动中丰盈内心世界,在思考、辨析中还原语言本真。

第七章 ｜ 整体性：在课程统整中聚焦意义链接　　163

境脉学习注重课程目标的统整,聚焦知识的连贯与整合,整体实施课程。通过目标统整,同时基于儿童的学情,紧扣课程主题,设计课程内容;通过内容整合,创造合适的语言环境鼓励儿童的自我表达。在课程整合的基础上,引导儿童在互动中交流,在交流中思考,调动儿童的语言组织与运用能力,让儿童实现语言的畅意表达,学以致用,聚焦主题意义与生活的链接。

后记　　191

前言

境脉学习探索英语课程新取向

《义务教育英语课程标准(2022年版)》指出:"秉持在体验中学习、在实践中运用、在迁移中创新的学习理念,倡导学生围绕真实情境和真实问题,激活已知,参与到指向主题意义探究的学习理解、应用实践和迁移创新等一系列相互关联、循序递进的语言学习和运用活动中。"[①]这就要求在新课标理念的指引下,教师要不断进行教学方式的改进与创新,注重情境创设对激发儿童学习的积极意义,在进行课程设计与实施时认识到学习者不仅是个"生物人",同时又是受所处环境、社会和文化境脉影响的"社会人"。因此,关注课程境脉、开启境脉学习,对英语课程目标的实现具有积极意义。

一、境脉学习的内涵

"境脉"一词最初应用于语言分析,近年来在教育学领域被广泛提及。在学者潘照团和陈加仓看来:"'境脉学习'根植于境脉主义哲学观,关注事物全部情境的整体把握。所谓全部情境,包括学习者自身原有的由记忆、经验、动机、反应构成的一个完整的内部世界,还有给学习者提供的学习内容、学习环境等外部世界。境脉学习理论认为,学习者在处理新的信息或知识时,与其内部世界发生意义,这便是学习。"[②]境脉学习理论是将教师对课堂教学的关注点从儿童的知识掌握情况转移到课堂情境脉络的发展上,这样的转变可以使教学内容整体化,更有利于儿

① 中华人民共和国教育部.义务教育英语课程标准(2022年版)[S].北京:北京师范大学出版社,2022:3.
② 潘照团,陈加仓.境脉课堂:为生活而学习[J].中国教师报,2019.10(04):3-4.

童自主建构完整的知识网络。①

在以上关于"境脉学习"的论述中,有两个关键词需要我们注意:"全部情境"和"整体把握"。此外,我们还需要关注:"全部情境"又分为学习者自身的"内部世界"和为帮助学习者学习而提供的"外部世界"两部分,"境脉学习"的积极意义即让二者发生作用,进而促进学习的真实发生。由此可见,境脉理论下的学习并不是孤立存在的,它通过学习者内外部世界的彼此交互进而产生新的意义,让儿童在互动体验中学习,在社会实践中运用,从而激发学习者的内心世界,为学习的真实开展找到新的立意。换言之,就是通过创设或模拟真实的情境,指向真实的问题,通过外部环境的影响激发儿童的课程学习兴趣,同时引导儿童在不同的情境中不断互动思辨和择取重构,整体把握课程脉络,最终形成新的体系,促进课程学习。

据此,我们认为,境脉学习即关注真实情境,导向真实问题,注重实践探究,寻求意义关联,引导互动思辨,不断择取重构,激发儿童内部学习动机的学习课程。

二、境脉学习的特征

基于上述对境脉学习的理解与解读,我们提炼出了境脉学习的七个特性,分别是:情境性、真实性、实践性、关联性、交互性、思辨性、整体性。在此基础上,我们设计了境脉学习模型图(见图1)。

图中境脉学习模型图各板块内容,具体表述如下:

(一)情境性:在学习过程中融合生活场域

境脉学习的首要任务是情境的创设与营造,这与核心素养下的

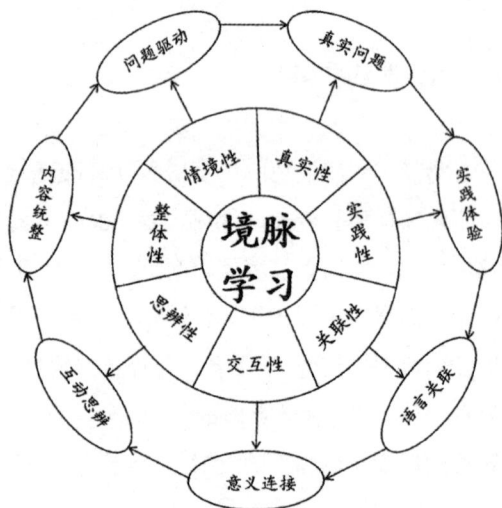

图1 境脉学习模型图

---

① 罗达伟.设计多元境脉 发展化学核心素养[J].广西教育,2018(2):101 - 102.

小学英语课程更加注重情境化教学的观点不谋而合。首先,英语课程境脉学习通过探究情境化课堂,让儿童的思维品质得到发展。例如,在具体的情境中,引导儿童从一个单词生发一个问题,从一个问题生发更多新的问题,儿童在探究的过程中不断思考与探究,从而摆脱对老师的过度依赖。其次,文化情境的构建也是英语课程境脉学习的一个重要组成部分。英语课程涉及不同国家的文化,通过文化情境的创设可以加强儿童对不同国家文化的了解和对优秀文化的鉴赏水平,有助于儿童形成跨文化沟通与交流的意识和能力,理性看待不同国家文化的异同,树立国际视野,涵养民族意识,增强民族自信心与文化自豪感。最后,英语境脉学习离不开对生活化情境的重视。儿童学习语言的重要目的便是运用,因此,英语情境的创设离不开对生活的关注,通过将课程知识与生活的衔接与融合,让儿童真正感受到学有所用,并且能够进行知识的迁移与运用,最终达到学以致用的目的。

（二）真实性：在实际问题中践行学思结合

上文已经提到,境脉学习要注重生活化情境的创设,也就是说情境的创设要来源于真实生活,同时回归真实生活,可以这样理解:儿童在学习活动中,回归生活本身,教师利用真实的学习材料,引导儿童思考真实的问题,提高儿童的真实学习经历,最终能够将所学运用到真实的生活中去。基于这一学习原则,在英语课程学习中,教师充分搜集和利用生活中真实的材料,为儿童创设真实的学习情境,让问题走进真实生活,营造真实的师生对话,引导儿童发现真实问题,完成课程的真实建构。真实的课程不仅能引发儿童的共鸣,激发儿童的学习兴趣,同时也在无形中增强了课堂教学效果。最重要的是,真实的课程在一定程度上帮助儿童认识到学习是为了更好地生活或者有利于生活,而非只为了考试这一目的,这对激发儿童的学习热情来说是至关重要的。

（三）实践性：在探索研究中感知语言奥妙

社会实践是儿童英语能力发展的基础,境脉学习注重引导儿童在应用实践类活动中内化所学语言和文化知识,在迁移创新类活动中进行语言的运用,实现学创结合。总而言之,境脉学习摒弃了传统的单纯追求标准化的记忆性训练的教学方式,而是在课堂上创设具有一定情绪色彩、以形象为主体的生动具体的场景,鼓励儿童积极参与和实践,比如通过角色扮演、课堂游戏等方式让儿童在实践中进行情感的体验,获得心灵的启迪,提升儿童的创造性思维,从而感知到语言的奥妙,激发英语学习兴趣。不过要注意,课堂实践要注重贴近儿童生活,运用儿童化的生活语言,合理运用语言材料提高儿童的积极性,为儿童提供展示的舞台和表达的机会,走出单纯的"说教"教学模式,让儿童在实践和体验中感受学习的快乐。

（四）关联性：在情境体验中探寻言语关系

创设情境的最终目的是激发儿童的学习兴趣,情境可以说是为激发儿童学习兴趣创造的外在条件。该外在条件不是单一的,也不是一成不变的,老师需要根据课堂上儿童的反应,动态生成情境,以帮助儿童更好地进入课堂状态。儿童在该过程中,根据情境的变化,不断生发新的问题,引发新的思考,在不同的情境中探索语言的奥妙,探寻语言的关联,最终达到真正理解语言的目的。可以说,情境的创设与儿童的兴趣相关联,儿童的学习兴趣有助于课程的积极推进,同时还可以反过来作用于课堂情境的生成,彼此之间既相互关联,又相互作用。

（五）交互性：在开放情境中建构互动共同体

境脉学习的交互性主要体现在情境与儿童内心的交互,即我们创设的外部情境是为了激发儿童内心对学习的热情。当我们创设的外在情境能够和儿童之间达到双向交流,儿童能够对情境效果进行积极反馈的时候,这样的情境才是对儿童的英语课程学习有帮助的。举个简单的例子,当课堂上以饮食文化为主题创设情境时,该情境要能够贴近儿童生活,以本地的饮食文化为依托,能够激发儿童的表达欲望,在开放的情境系统中畅所欲言,儿童能够真正进入课堂情境中,老师也能够根据儿童的反馈及时调整课堂策略,从而真正实现情境创设的目的与意义。

（六）思辨性：在互动思维中促进语言重构

上述提到,境脉学习注重各种不同情境的创设,无论哪种情境,都为儿童的实践提供了良好的基础,但同时我们需要注意,英语课程的境脉学习不只需要实践,还需要在实践的基础上进行思考与辨析,我们称之为思辨。思辨作为一种思考方式,在提升儿童学习能力方面具有极大的促进作用。首先,英语课程境脉学习的思辨性讲究层次分明、条理清楚的分析。这意味着儿童在不同的情境中实践过后,需要能够就实践过程中自己的收获进行分析说明,例如,在老师创设的文化情境中,儿童能够对不同国家的文化进行分类辨析,比较不同国家文化的异同。其次,英语课程境脉学习的思辨性还体现在清楚准确、明白有力的说理。儿童在思考问题时能做到条理清楚，能够就自己的观点通过语言的重构进行表述，说理明白。

（七）整体性：在课程统整中聚焦意义链接

境脉学习通过课程目标的统整，促进课程内容的整合，关注课程的整体性。英语课程总目标中明确指出通过英语课程的学习，不仅要发展儿童的语言能力，同时也要培育儿童文化意识、提升思维品质、提高学习能力。英语课程境脉学习注重从整体上把握课程总目标，在课程内容的设置上，既遵循儿童的英语学习规律，同时借鉴国内外先进的教学经验，通过整合性的高质量课程内容助力课程总目标的达成。此外，英语课程境脉学习也非常注重对各学段目标特性的整体把握，在教学前，熟练把握各学段学习内容之间的关联以及重难点，对各学段的内容进行统筹安排；采用因地制宜、因材施教的教学方式，循序渐进，灵活安排教学进度，比如通过单元整体教学的设计与实施，让儿童对单元知识有一个更加清晰的认识，既能加强对不同学段知识的理解，也能够从整体上把握课程内容。

三、境脉学习的三重意义

与传统教学方式不同，境脉学习注重把儿童和学习境脉联结起来考量，关注外在条件对儿童学习兴趣的影响，致力于为儿童打造一个完整的生命课程，这对儿童的有效学习具有积极意义。具体来看，境脉学习在整合学习资源、激发个体能力和发散儿童思维发面的作用尤为突出，以下作具体阐释。

（一）境脉学习是整合学习资源的有效途径

美国著名的情境认知研究专家布朗和科林斯曾说："学习和思维都是基于情境的，他们不能孤立地镶嵌在大脑中，而是通过情境中的文化活动或工具发生在人类的大脑中。"英语课程境脉学习致力于真实情境的创设，为儿童营造一个说英语和用英语的氛围，在该过程中，为了让创造的情境更能激发儿童兴趣，贴近现实生活，就势必要注重资源的整合与利用，比如个体的知识经验、群体的共同特征、环境的有效利用、文本信息的提炼等，既可以引入生活中的现实资源，又要注重网络资源的合理运用，可以通过实物展示、画面烘托、音乐渲染、视频再现等多种方式进行情境的创设，帮助儿童实现自主学习和合作学习、体验和感知情境。

（二）境脉学习是激发个体能力的有效手段

真实情境的创设对激发儿童的学习兴趣具有积极作用,儿童的学习能力也在不断变化的情境中得以提升,正如代建军和王素云在《真实性学习及其实现》一文中指出:"关键能力是儿童运用知识解决问题的外显表征,而境脉则是关键能力养成依托的重要载体。"①儿童基于老师创设的情境,主动调动原有的经验,利用自身行动和思维,探究和解决实际问题。在该过程中,儿童调动原有经验的能力、自主探究的能力、主动解决问题的能力等都得到了提升。

（三）境脉学习是发散儿童思维的行动指引

在真实情境中,儿童以"真实问题"为指向,联系现实生活,在不同的情境中调动与提取大脑中不同的知识进行筛选与分析,最终进行整合输出以应对课程中动态变化的情境。在该过程中,儿童对已有知识进行加工再造,不仅思维得到了发散,同时进行了知识的迁移与运用。此外,儿童在应对不同情境时生发的思维不再是对同学或老师的行为单纯地模仿,而是通过自主思考与判断进行创造输出,该创造与输出不仅具备了一定的个人特色,同时也是儿童创造性思维的展现。

总的来看,境脉学习作为一种引导学习转型的有效范式,通过创造丰富的外部条件,激发儿童内心的学习欲望,让儿童在连续、动态的情境中感受课程魅力,加强儿童间的互动与交流,这种浸润式的学习方式真正起到了让儿童深入课堂的目的。我们也期待更多的儿童能够在境脉学习中有所收获,不断成长!

（撰稿者：许蒙蒙）

---

① 代建军,王素云.真实性学习及其实现[J].当代教育科学,2021(12):44-48.

第一章
情境性：在学习过程中融合生活场域

　　学习并不是孤立存在的，它是通过学习者与内外环境的相互影响，进一步融合，产生联系获得知识的过程。 对于境脉学习而言，其首要任务就是情境的创设与营造。 教师通过内外环境，关注儿童的思想和情感、思维与能力；通过客观环境与实践场所，达到体验场域聚合。 这样的情境，促使儿童全身心投入课程中，进而产生探究的乐趣以及积极向上的美好憧憬。 因此，情境的创设需要借助生活场域，融合课程知识、衔接学科内容，通过迁移与运用，让儿童真正感受到学有所用，能够学以致用。

郑州市管城回族区外国语学校是一所 12 轨制 36 班的公办初级中学，是郑州外国语学校集团校之一。自 2016 年建校以来，学校始终以厚德敏行、追求卓越、和谐发展的教育理念为指导，积极开发并实施本校特色课程。学校现有英语教师 36 人，其中一级教师 7 人、二级教师 29 人，河南省骨干教师 2 人，市骨干教师 3 人，区骨干教师 3 人，研究生学历 24 人。学校依据《义务教育英语课程标准(2022 年版)》和《关于全面深化课程改革落实立德树人根本任务的意见》等文件精神，推进本校英语学科课程建设，取得了显著成效。

第一节　立足个性发展　构建学习体系

一、学科性质

《义务教育英语课程标准(2022年版)》明确指出:"义务教育英语课程体现工具性和人文性的统一,具有基础性、实践性和综合性特征。学习和运用英语有助于学生了解不同文化,比较文化异同,汲取文化精华,逐步形成跨文化沟通与交流的意识和能力,学会客观、理性看待世界,树立国际视野,涵养家国情怀,坚定文化自信,形成正确的世界观、人生观和价值观,为学生终身学习、适应未来社会发展奠定基础。"①

基于《义务教育英语课程标准(2022年版)》,结合英语学科特点,我校着力于开创多样化的课堂模式,激发和培养学生学习英语的兴趣。作为课程核心理念的"卓雅英语",其工具性体现为学生能够参与特定情境下的相关主题活动,围绕主题群和子主题,根据规定的语言知识和文化知识等内容要求,有效运用听、说、读、看、写等语言技能和学习策略,培养其文化意识、思维品质和学习能力,发展跨文化沟通与交流的能力。"卓雅英语"的人文性把落实立德树人作为英语教学的根本任务,践行核心素养内涵,全面把握英语课程育人价值,引导学生了解不同国家的风土人情、文化历史等优秀成果,汲取积极的学习体验,体会到学习的乐趣。

二、学科课程理念

通过对《义务教育英语课程标准(2022年版)》等文件精神的学习和领悟,我校以习近平新时代中国特色社会主义思想为指导,以培养有理想、有本领、有担当的时代新人为出发点和落脚点,践行学思结合、勇创本地英语学习活动观,提出"卓

---

① 中华人民共和国教育部.义务教育英语课程标准(2022年版)[S].北京:北京师范大学出版社,2022:1.

雅英语"的核心理念,旨在让每一个儿童在英语学习中碰撞出思维的火花,获得积极学习体验,感受到学习的乐趣,健康、自信、阳光地成长。"卓"即卓越、卓尔不群,是一种内在素质;"雅"是典雅、儒雅,是一种外在表现。具体来说,在道德、知识、心理、能力方面,由内到外地关注儿童核心素养的培养,帮助儿童逐步形成适应个人终身发展和社会发展需要的正确价值观、必备品格和关键能力。课程内容的选取遵循培根铸魂、启智增慧的原则,以主题为引领,以不同类型的语篇为依托,融入语言知识、文化知识、语言技能和学习策略等学习要求,以单元的形式呈现,坚持"教—学—评"一体化设计,不断推进信息技术与本校英语教学的深度融合。同时,倡导英语教学面向全体儿童,突出儿童个性的发展,注重培养儿童的综合人文素养和情感、态度、价值方式,关注体验与参与的教学模式。我校英语学科组提出的"卓雅英语"核心概念理念具体体现为以下四个方面。

(一)"卓雅英语"立足于知识探索

"卓雅英语"秉持在体验中学习、在实践中运用、在迁移中创新的学习理念,倡导儿童围绕真实情境和真实问题,激活已知,参与到指向主题意义探究的学习活动中,充分发挥儿童的主体作用。"卓雅英语"通过课上课下提供的专业英语知识和优质教学资源来开发儿童的智力,增加儿童知识的深度和广度,发展儿童高水平的思维能力和创造能力,培养自主学习和终身学习的态度。在传授知识与能力的过程中,引导儿童迁移创新,运用所学多角度认识和理解世界,创造性地解决新情境中的问题,积极表达情感、态度和观点,促进能力向素质的转化。

(二)"卓雅英语"着眼于心灵引导

"卓雅英语"全面贯彻党的教育方针,坚持落实立德树人根本任务,引导儿童形成积极、健康的情感态度,以及正确的价值观、健康的审美情趣和良好的品格。"卓雅英语"中的"雅"是典雅、儒雅,是德育效果在教育教学中提升全校师生修养的外在表现,以"德育生活化、体验化、课程化"为原则,厚养儿童卓雅品质,有助于增强儿童家国情怀和人类命运共同体意识,涵养品格,提升文明素养和社会责任感。将德育目标潜移默化地融入英语教学工作中,寓德育于英语学科中,充分挖掘英语课程教学内容中的人文价值与道德价值,引导儿童学科认识与品德培养同步发展,搭建素质教育的新平台。此外,重视环境育人,发挥教师榜样作用,言行举止要"雅",从而营造学校良好的教风、学风,促进师生共同成长。

（三）"卓雅英语"贯穿于多元发展

"卓雅英语"遵循培根铸魂、启智增慧的原则,聚焦人与自我、人与社会和人与自然等三大主题范畴,以体现时代特征,反映社会新发展、科技新成果。依据英语学科各学段的要求,"卓雅英语"以综合课程为形式,对教学要素进行挖掘、提炼和整合,构建多样的教学变式,形成多元教学特色。用主题或专题形式整合多学科知识,形成具体的学习主题,儿童在从学习理解类活动到应用实践类活动的进阶中,将课程经验渗透到自己的意义架构中,并亲身体验解决问题的方法,最终达成经验和知识的统整。将"互联网＋"融入教学理念、教学方法、教学模式中,深化信息技术与英语课程的融合,引导儿童通过感知、模仿、交流、展示等多种形式,促进全面发展。

（四）"卓雅英语"致力于思维创新

语言是思想的外壳,是思维的工具,是高效学习与创造的工具。"卓越英语"强调学习英语的表层价值是掌握新的交际工具,而其深层价值是增添新的思维方式,注重培养儿童的创新能力,提升思维品质。因此,"卓雅英语"关注儿童思维活动和训练的系统性,注重文化融会贯通及英汉语言知识和语言运用的差异,有助于儿童储备世界知识背景,打破思维定式,敢于表达自我观点,多角度思考问题。学思结合、学用结合、学创结合,学会发现问题、分析问题和解决问题,培养其思维的独创性、发散性、广阔性和变通性,引导其对事物做出正确的价值判断,为创造性解决问题奠定基础。

第二节　引领问题驱动　凸显知识实践

　　《义务教育英语课程标准（2022年版）》指出，义务教育阶段英语课程的总目标是通过英语学习使儿童发展语言能力、培育文化意识、提升思维品质、提高学习能力。"核心素养是课程育人价值的集中体现，是学生通过课程学习逐步形成的适应个人终身发展和社会发展需要的正确价值观、必备品格和关键能力。"①以核心素养中的语言能力、文化意识、思维品质、学习能力四个方面共同构成的英语课程总目标，既有利于儿童发展语言运用能力，又有利于儿童发展思维能力，从而全面提高其综合人文素养，培养德智体美劳全面发展的卓雅少年。

一、学科课程总体目标

　　以义务教育阶段英语课程的总目标为依托，我们把"卓雅英语"学科课程目标确定为四个部分：语言能力、文化意识、思维品质、学习能力。

　　（一）语言能力目标

　　语言能力是指运用语言和非语言知识以及各种策略，参与特定情境下相关主题的语言活动时表现出来的语言理解和表达能力。英语语言能力的提高有助于儿童提升文化意识、思维品质和学习能力，发展跨文化沟通与交流的能力。通过本课程的学习，儿童能够在感知、体验、积累和运用等语言实践活动中，认识英语与汉语的异同，逐步形成语言意识，积累语言经验，进行有意义的沟通与交流。

　　（二）文化意识目标

　　文化意识目标是指对中外文化的理解和对优秀文化的鉴赏，是儿童在新时代表现出的跨文化认知、态度和行为选择。文化意识的培育有助于儿童增强家国情怀和人类命运共同体意识，提升文明素养和社会责任感。通过"卓雅英语"课程的

① 中华人民共和国教育部.义务教育英语课程标准（2022年版）[S].北京：北京师范大学出版社，2022：4.

学习,儿童能够了解不同国家的优秀文化成果,比较中外文化的异同,发展跨文化沟通与交流的能力,形成健康向上的审美情趣和正确的价值观;加深对中华文化的理解和认同,树立国际视野,坚定文化自信。

(三)思维品质目标

思维品质是指人的思维个性特征,反映儿童在理解、比较、推断、分析、批判、评价、创造等方面的层次和水平。思维品质的提升有助于儿童在语言学习中发展思维,在思维发展中推进语言学习;初步从多角度观察和认识世界、看待事物,有理有据、有条理地表达观点;逐步发展逻辑思维、辩证思维和创新思维,使思维体现一定的敏捷性、灵活性、创造性、批判性和深刻性。

(四)学习能力目标

学习能力是指积极运用和主动调适英语学习策略、拓展英语学习渠道、努力提升英语学习效率的意识和能力。学习能力的发展有助于儿童掌握科学的学习方法,养成良好的终身学习习惯。通过"卓雅英语"课程的学习,儿童能够树立正确的英语学习目标,保持学习兴趣,主动参与语言实践活动;在学习中注意倾听,乐于交流,大胆尝试;学会自主探究,合作互助;学会反思和评价学习进展,调整学习方式;学会自我管理,提高学习效率,做到乐学善学。

二、学科课程年级目标

依据学科课程总体目标、中学英语教材教参,结合"卓雅英语"的课程理念,我校英语组根据各年级儿童的年龄和身心特点制定了具体的年级目标,这里以七年级为例(见表 1-1)。

表 1-1　郑州市管城回族区外国语学校英语年段目标表

年级	课　程　目　标	
	上学期	下学期
七年级	**预 备 单 元** 共同要求: 1. 能够听懂学习活动中连续的指令和问题。 2. 能根据语调的变化,体会句子意义的变化。	**第 一 单 元** 共同要求: 1. 能够掌握本单元关于兴趣和爱好的词汇。 2. 能够掌握情态动词 can 的用法。 3. 能学会运用 can 来谈论自己或询问别人的能力与爱好。

年级	课 程 目 标	
	上学期	下学期
七年级	**校本要求：** 1. 能学会书写 26 个英文字母，并熟练掌握其发音。 2. 能熟练掌握每个音标的正确读音和单词的拼读规律。 3. 能用简单的英语进行问候、询问物品和指认颜色。 **第 一 单 元** **共同要求：** 1. 能在课堂活动中用简短的英语进行交际。 2. 能够根据读音规则和音标拼读单词。 3. 能就熟悉的话题进行简单的交流。 **校本要求：** 1. 能够介绍自己的姓名（Introduce yourself）。 2. 能够简单问候初识的朋友（Greet people）。 3. 能够熟练询问和告知电话号码（Ask for and give telephone numbers）。 4. 能够掌握西方人初次见面的礼节。 **第 二 单 元** **共同要求：** 1. 能够认识、理解指示代词，以及其单复数。 2. 能够利用所给图片简单描述人物关系。 **校本要求：** 1. 能够用指示代词简单介绍人物关系。 2. 能够指认人物关系，用 this, that, these, those 介绍人物关系。 3. 能够了解英语国家家庭关系的称谓，并熟练用于写作。 **第 三 单 元** **共同要求：** 1. 能够正确朗读课文。 2. 能看懂 Lost and Found 的内容。	**校本要求：** 1. 能够根据所给材料写相关的招聘广告。 2. 通过与别人的交流和相互帮助来培养自己多方面的才能。 **第 二 单 元** **共同要求：** 1. 掌握 what time/when 引导的特殊疑问句及频度副词的用法。 2. 掌握时间名词前介词的用法及时刻的表达。 **校本要求：** 1. 能够正确运用 what time/when 引导的特殊疑问句。 2. 能够运用所学词汇简单谈论日常作息习惯，并就日常活动的时间进行问答。 3. 加强时间观念，养成良好的生活习惯，并学会合理安排自己的学习和课外活动时间。 **第 三 单 元** **共同要求：** 1. 掌握本单元的目标词汇和句型。 2. 掌握 how, how long, how far 引导的特殊疑问句。 3. 能够听懂有关乘坐交通工具的对话。 **校本要求：** 1. 能够读懂简单的谈论各种交通工具的文章。 2. 能够熟练运用"介词 by＋交通工具"和"take ＋a/an＋交通工具"等短语写出简短的文章。 3. 能够了解地域文化差异所造成的出行方式的差异。 **第 四 单 元** **共同要求：** 1. 掌握本单元的 rule, fight, practice, remember 等重点词汇。

年级	课 程 目 标	
	上学期	下学期
七年级	**校本要求：** 1. 能够就物主关系进行问答（Identify ownership）。 2. 能够正确使用名词性物主代词（Possessive pronouns）。 3. 能够正确使用一般疑问句确认物主关系并作简略回答。 4. 了解并学会写失物招领。 **第 四 单 元** **共同要求：** 1. 能就熟悉的话题进行简单的交流。 2. 能够描述个人情况和个人经历的信息。 **校本要求：** 1. 能够询问并描述物品的位置。 2. 能够正确使用介词 on, in, under 描述物品所在的位置。 3. 能够正确使用 where 引导的特殊疑问句询问物品位置。 **第 五 单 元** **共同要求：** 1. 能使用简单的图标和海报等形式传达信息。 2. 能参照范例写出或回复简单的问候和邀请。 **校本要求：** 1. 能够询问并描述物品所属关系（Talk about ownership） 2. 能够正确使用 have 的一般现在时用法，并正确使用一般疑问句询问物品所属关系并作简略回答（Yes - questions and short answers）。 3. 能够正确使用形容词对事物发表基本看法。 4. 能够了解运动对健康的重大意义。 **第 六 单 元** **共同要求：** 1. 能就简单的话题提供信息，表达简单	2. 掌握祈使句和情态动词 have to 和 must 的用法。 3. 能够听懂用英语表达的规则并读懂用英语表达相关规则的文章。 **校本要求：** 1. 能够熟练谈论对某些规章制度的看法并进行简单的对话。 2. 能够学会制定一些公共场所的规则，并能够对相关规则提出合理化的建议。 **第 五 单 元** **共同要求：** 1. 掌握本单元的目标词汇和句型。 2. 掌握 why 引导的特殊疑问句。 3. 能够正确使用表示性质和品质的形容词来描述动物。 **校本要求：** 1. 能够听懂描述动物的对话。 2. 能够正确表达喜好并陈述原因。 3. 能够了解世界各地野生动物的情况，增加地理知识。 **第 六 单 元** **共同要求：** 1. 掌握现在进行时的结构。 2. 能够运用现在进行时陈述正在发生的事情。 **校本要求：** 1. 能够根据动词的变化规律写出正确的现在分词形式。 2. 能够根据语境使用一般现在时和现在进行时表达目前的情况。 3. 培养乐于参加各种活动的积极情感和团队合作的精神。 **第 七 单 元** **共同要求：** 1. 熟练掌握现在进行时的用法。 2. 掌握反义疑问句的用法。

年级	课　程　目　标	
	上学期	下学期
七年级	的观点和意见。 2. 能够根据话题进行情景对话。 **校本要求：** 1. 能够谈论对食物的喜好。 2. 能掌握动词 like 在一般现在时中的用法，肯定句和否定句，一般疑问句及其回答。 3. 能够正确使用表示食物的可数名词、不可数名词以及既可用作可数又可用作不可数的名词。 4. 了解常见的西方食品和中西方的餐桌文化。 **第　七　单　元** **共同要求：** 1. 能听懂有关熟悉话题的谈话，并能从中提取信息和观点。 2. 能有效地询问信息和请求帮助。 **校本要求：** 1. 能够就衣物的价格进行问答。 2. 能够谈论衣物的颜色和大小。 3. 能够为他人提供帮助或对别人的帮助礼貌地做出应答。 4. 了解一些西方的购物礼仪。 **第　八　单　元** **共同要求：** 1. 能引出话题并进行几个话题的交谈。 2. 能用短语或句子描述系列图片，编写简单的故事。 **校本要求：** 1. 能够表述自己或家人、朋友的生日以及近期活动安排。 2. 能够表述年龄。 3. 能够正确使用 when 和 how 引导的特殊疑问句询问生日或年龄。 4. 了解中西方的重要节日和日期。	3. 能够用所学知识谈论天气。 **校本要求：** 1. 能够表达自己对天气的喜好并说出原因。 2. 能够用现在进行时描述正在发生的事情，并进行简单的写作。 3. 学会谈论天气，热爱自然，用所学知识与他人交流有关天气的问题。 **第　八　单　元** **共同要求：** 1. 掌握地点名词和方位介词的用法。 2. 掌握 There be 句型。 3. 掌握指路和问路的用法。 **校本要求：** 1. 初步掌握非谓语动词的用法。 2. 学会用英语问路的表达方式，并能给别人指路。 3. 能利用地图向别人介绍自己所居住的街区。 **第　九　单　元** **共同要求：** 1. 掌握描述人外貌特征的词汇。 2. 能够运用所学知识描述人的外貌特征，谈论身高、体重、发型、面部特征及着装特点。 3. 能够进行简单的关于人物外貌特征的写作。 **校本要求：** 　学会观察和描述周围的人，互相了解，增进友谊。 **第　十　单　元** **共同要求：** 1. 掌握各种食物的表达及正确使用可数名词和不可数名词。 2. 掌握点餐的句型。 3. 掌握 if 引导的条件状语从句的用法。

年级	课　程　目　标	
	上学期	下学期
七年级	**第　九　单　元** **共同要求：** 1. 能够简单描述自己的喜好。 2. 能够认识中西方学科的英文表达。 **校本要求：** 1. 能够用 favourite 来讨论和表达自己的爱好。 2. 学会运用 why，what，how，when 引导的特殊疑问句陈述理由。 3. 了解中西方中学学制和学科设置方面的知识。	**校本要求：** 1. 能够听懂并学会订餐用语。 2. 能够读懂有关食品的文章及菜单。 3. 能为面馆、水饺馆等写宣传广告。

　　综上所述,年段目标是指针对本年段结束时,儿童在课程上应达到的学业成就的预设或期待,是总目标在各年段的具体化。结合我校"卓雅英语"的课程理念,并根据各年级儿童的年龄和身心特点,各年段目标之间具有连续性、顺序性和进阶性,在语言能力、文化意识、思维品质和学习能力方面也存在一定差异。

第三节　绘制学习图景　致力实际运用

　　义务教育阶段的英语课程力求面向全体儿童,为儿童发展综合语言素质打好基础,同时促进儿童整体人文素养的提高。教师应在教学过程中注重听力技能、语言知识、情感态度、学习策略和文化意识五个方面的提高,在整合各个阶段学习任务和有效课程资源的基础上,提高儿童的自主学习能力。

一、学科课程结构

　　我校结合《义务教育英语课程标准(2022版)》的要求,自主构建了"卓雅英语"的课程理念,并在不同的年级进行形式多样的内容扩充。在课程结构方面,我校将国家统编教材设置为基础性课程,在夯实国家课程的基础上,开展拓展性课程,对英语思维进行扩展和延伸,满足儿童的英语学习实际需求。其包含的课程有以下几方面:"卓雅之音""卓雅之声""卓雅之窗""卓雅之作""卓雅之灵"五大系列拓展性课程。

图1-1　郑州市管城回族区外国语学校"卓雅英语"课程架构图

图中各板块课程具体表述如下：

"卓雅之音"课程注重采用实用性、纪实性较强的英文原版听力材料或情景片段，对儿童进行听力训练。教师在选材时，会尽量选用儿童感兴趣的话题，以充分激发儿童的学习兴趣，增强其求知欲发展，探索更有效的方法来训练儿童的听力技能，使儿童在听懂材料内容的同时，也能根据人物性格、事情的前因后果、主题思想等内容进行深刻讨论，这有助于引导儿童培养自身的交际能力。具体操作方法如下：教师每周二和周四通过使用《剑桥新思维英语》(*English in Mind*，EIM)的原版配套听力材料和《柯林斯英语》绘本材料，带领儿童体会英语本土的语言和文化之美；每周听写两篇字数达 50 个左右的文章等。

"卓雅之声"课程主要是依托我校的双师课堂、英语口语社团对儿童进行口语的培养和系统训练。在双师课堂上，儿童可以自主与外教老师进行沟通，从而促使儿童大胆张嘴去说；生动的交流话题，提升儿童的学习兴趣，也在不同的话题情境中提高了儿童的听力理解能力。英语辩论社团是以我校优秀英语教师为主导，以儿童为主体的精品社团。每周社团都会提前设定相应的辩论议题，要求儿童课下查询相关资料后，在口语社团课上对相关议题资源进行整合，并展开议题论述交流。在正反方辩论的过程中，不仅提高了儿童的英语口语能力，还可以提高儿童的思辨能力，最终培养儿童综合语言表达能力。"卓雅之声"课程还包括每学期观看两至三部原版电影并完成一定量的听力理解练习，定期举行英文原声电影配音和学唱英文歌曲等活动。

"卓雅之窗"课程主要是在阅读文章过程中，潜移默化地培养儿童的阅读理解能力和英语思维，同时逐步扩大英语词汇量。我校课外阅读课程使用英文原版书籍《剑桥新思维英语》。该书语言地道，图文并茂，内容生动有趣，吸引儿童的阅读兴趣，充分激发了儿童学习英语的内驱力，使儿童在阅读文章的过程中自然而然地扩大了英语词汇量，深入理解文章的行文思路，在培养儿童的英语思维能力的同时也能培养儿童良好的写作习惯和书写习惯。

"卓雅之作"课程主要是考查儿童的写作能力，具体表现形式为我校的英语作文簿和英语写作大赛。全校英语教师针对同一英语作文题目制定统一批改标准，每周固定在周五进行写作训练。儿童在英语作文簿上的作文都需要至少修改三遍方可定稿。教师将针对不同儿童在写作过程中出现的问题进行一对一的指导，修改建议包括字词拼写、词汇运用、构思优化、段落布局等。每学期中旬,学校将举行一次英语写作大赛,大赛中评出的优秀习作会在学校公众号和表彰大会上进行展示,有效地激发了儿童的写作积极性。

"卓雅之灵"课程主要是考查儿童的英语语言和英语思维的综合运用能力,具体表现形式为我校的英语戏剧社和英语读书分享会。在英语戏剧社中,儿童可以选择自己喜欢的剧本,自由自主地进行小组结合。在沟通剧本的过程中,儿童通过反复训练,增强了英语口语能力和语言表达能力,同时也培养了英语思维能力和英语听力能力,从而在轻松愉快的氛围中,实现英语语言的综合运用。在英语读书分享会中,儿童可选择自己喜欢的英文读物,对其进行简单的概括和介绍,或者积累其中的优美文段,集中在班级分享,激发了英语阅读兴趣,培养和提高了口语能力和独立思考能力。

二、学科课程设置

我校初中阶段英语使用两套教材:人教版教材和剑桥版教材。人教版教材共分为五册:七年级至八年级每学期各一册、九年级一册。剑桥版教材共有两册:EIM1 和 EIM2。具体教学计划如下:七年级至八年级上学期完成人教版第 1 至 3 册和 EIM1 的授课;八年级下学期至九年级上学期完成人教版第 4 册、九年级全一册和 EIM2 的授课。我校除了开设国家规定的基础课程之外,还根据学情开设了拓展课程,以此来丰富课程内容、完善课程设置(见表 1-2)。

表 1-2 郑州市管城回族区外国语学校"卓雅英语"课程设置表

实施年级	卓雅之音	卓雅之声	卓雅之窗	卓雅之作	卓雅之灵
七上	音律之声	生活博客	青春剪影集	心灵港湾	多彩校园
七下	缤纷生活	生活小贴士	求学路漫漫	亲近自然	生活趣俗
八上	走进中国	成长的烦恼	青春环游记	环球视野	畅想未来
八下	世界之最	解忧杂货铺	经典咏流传	创作天地	文化碰撞
九上	善听之耳	穿越古与今	多彩节假日	妙笔生花	闪光记忆

教学要以学科为基点,打破单元之间的壁垒,拓展教学内容,整合不同学习资源,以此激发儿童的学习兴趣,提升课程学习的效果。我校整合了各项课程资源,制定了"卓雅英语"课程设置表,旨在实现儿童听力技能、语言知识、情感态度、学习策略和文化意识等方面的提高。

三、学科课程内容

依据《义务教育英语课程标准(2022年版)》及"卓雅英语"的学科理念,英语教师在教学过程中设置生活情境,确立嵌入式课程,为儿童创造了良好的语言运用环境。教师通过创设快乐和谐的学习氛围,利用听、说、读、写、玩、演、视、听、做等教学手段对学生进行英语语言浸润式教学,帮助他们在实践中提高使用语言的能力,并且能够保持他们学习英语的乐趣(见表1-3、1-4、1-5)。

表1-3 郑州市管城回族区外国语学校"卓雅英语"七年级课程内容

课程类别	学期	课程名称	学 习 目 标	内 容 要 点
卓雅课程	七年级第一学期	音律之声	1. 能听懂有关熟悉话题的谈话,并能从中提取信息和观点。 2. 能在听的同时理解说话者意图,并进行有效模仿。 3. 能针对所听内容记录简单信息,并进行信息转换。	1. 通过EIM听力教材让学生模仿语音语调,感受地道的英语口语。 2. 对部分经典听力,让学生听并简单记录信息,然后进行信息转换。
		生活博客	1. 针对校园生活话题进行简要叙述。 2. 利用校园剪影图片,讲述身边的故事。 3. 在学习和日常交际中,能意识到中外校园文化交际之美。	1. 学会用英语描述自己喜欢的科目。 2. 学会欣赏文化间的差异。
		青春剪影集	1. 了解日常交际用语,能够用英语进行简单的日常表达。 2. 结合U5、6、7关于运动、饮食、学科等不同话题开拓学生的知识视野,提高阅读理解能力。 3. 配合剑桥U1、2,引导学生分析理解文章中的长难句。	1. 设置不同话题的专栏报道,让学生选择感兴趣的话题进行阅读并归纳复述。 2. 利用每周五晚自习精读一篇*China Daily*文章并总结常用英语表达。

课程类别	学期	课程名称	学　习　目　标	内　容　要　点
卓雅课程	七年级第一学期	心灵港湾	1. 通过整合人教版 U2、6、7、9，EIM 版 U2、3、4、5 的不同话题，谈论校园生活、朋友互助、英雄人物等内容，熟练掌握相关的话题词汇和表达，引起学生心灵的共鸣。 2. 通过写信、模拟情境等环节，提高写作、阅读等能力，帮助同伴解决生活学习上的困惑。 3. 通过系列话题的探讨，提高学生的合作意识，增进友谊，共同进步。	1. 设立"解忧杂货铺"，在信中吐露自己生活学习中的困惑和烦恼，相互抽取信件。 2. 整合 EIM 和人教课本话题，模拟真实情景，例如：U2、4 中朋友互助，U3、5 中英雄人物的事迹在回信中举例，给出相应的解决建议。 3. 从"杂货铺"中取回自己的回信，在合作讨论中，进行有效写作。如：结合人教版 U9 校园生活主题，描述当下的美好生活，写一封感谢信。
		多彩校园	1. 构建情境，学生在老师带领下，进行校园生活之旅。 2. 总结并学会表达谈论校园生活的话题，如校园环境，最喜欢的老师、科目等，体会校园生活的丰富多彩。 3. 分组创设情境，练习巩固，激发学生对学校生活的热情。	1. 以七上课文为依托，学习校园生活话题的表达，利用日常情境进行强化训练。 2. 根据七上内容，对比分析剑桥课本内容，了解各国校园生活差异，掌握恰当的问候语、问候方式和校园礼仪，分组合作进行模拟练习。
	七年级第二学期	缤纷生活	1. 能够理解听力文本信息并准确表达日常交际用语。 2. 能够灵活运用阅读策略获取文章主旨大意和细节信息。 3. 能够运用所学词汇、句型描述自己和同伴的学校以及日常生活。	1. 人教版 U1、3、4 与 EIM 版 U1 Culture in Mind 相结合。让学生对中外学校生活进行对比，并用英文描述自己的校园生活。 2. 举行关于日常生活手抄报大赛，进行分享展示。
		生活小贴士	1. 能够在具体的生活情境中运用恰当的语言形式和习惯用语传递生活技巧，如自我介绍、指路问路等。 2. 能够通过参与各种英语实践活动培养敢于表达的意识，从而乐于用英语交流。	1. 创设笔友见面，熟悉社区环境的情景。 2. 总结自我介绍及指路问路的相关表达。

课程类别	学期	课程名称	学　习　目　标	内　容　要　点
卓雅课程	七年级第二学期	求学路漫漫	1. 通过阅读课文,运用简单的阅读策略获取信息,从而学会用英语表达"求学"的方式。 2. 结合并利用具体的学校生活体验,了解并掌握学校规则,养成良好的学校生活习惯。 3. 对比中西方学校文化特点,开阔学生视野,让学生体验中西方文化的不同。	1. 观看视频,了解过去学生的上学之路的艰辛,并结合教材 U3 阅读部分,让学生做文字欣赏。 2. 学习课本 U4、6、7 单元,了解中国学校规则,并与国外学校进行对比,让学生学会用英语流利表达中西方文化的不同。
		亲近自然	1. 通过整合人教版 U12、EIM 版 U8 的不同话题,谈论旅游景点话题。 2. 通过搭建写作框架,分享旅游经历,感受自然风光。 3. 通过系列小组合作探讨话题,提高学生的合作意识,培养对英语的浓厚兴趣。	1. 通过图片展示自然美景,创设旅游情境,激发学生兴趣。 2. 引导学生回忆自己难忘的旅游经历,按照一定的顺序建构写作框架。 3. 小组合作修改,分享旅游经历。
		生活趣俗	1. 总结食品、节日、购物、学科设置方面的表达和趣闻。 2. 通过分享了解常见的西方食品、餐桌文化、购物礼仪、重要节日及学制和学科设置方面的知识。 3. 对比中西方文化差异,增强国家和民族的文化认同感。	1. 通过视频和图片,借助课本内容总结相关表达方式。 2. 分组讨论,利用搜集的信息及整合后的信息介绍中西方文化中和生活相关的趣俗。 3. 讨论思考中西方生活的差异及感悟。

表1-4　郑州市管城回族区外国语学校"卓雅英语"八年级课程内容

课程类别	学期	课程名称	课程目标	课程内容
卓雅课程	八年级第一学期	走进中国	1. 补充关于旅游和假期话题的相关词汇和表达。 2. 能听懂有关旅游话题的谈话,并能从中提取主要信息和观点。 3. 结合八上 U1,培养学生对祖国大好河山的向往之情。	1. 各小组成员准备一个报道,介绍一个国内你最想去的城市。 2. 播放国内具有特色的城市宣传片,感受各地的风土人情。 3. 以"我最想去的国内城市"为话题,设置"我的旅游攻略"的分享环节。

课程类别	学期	课程名称	课 程 目 标	课 程 内 容
卓雅课程	八年级第一学期	成长的烦恼	1. 拓展与成长烦恼话题相关的词汇和短语表达。 2. 掌握"建议"的相关句型及表达，为 U10 及八下 U4 的学习做好铺垫。 3. 鼓励学生正视成长烦恼，激发学生面对困难的勇气和积极面对生活的态度。	1. 各小组成员用英语给大家分享三个自己成长中的烦恼。 2. 通过角色扮演活动——"心灵诊断室"寻求问题解决方案。 3. 结合人教版 U10 设置"勇敢少年说"的分享环节。
		青春环游记	1. 掌握游记文本的阅读技巧并灵活使用。 2. 积累关于名胜古迹的相关词汇和表达。 3. 将文本内容和个人经历相结合，使学生做到学以致用。	1. 通过泛读、精读等阅读策略，对游记文本进行深入理解。 2. 以小组为单位，做一个关于游记的 report，并进行分享。 3. 结合人教版八上 U1，八下 U7、9 和 EIM 版 Book2 U4、8 设置"我是小导游"活动。
		环球视野	1. 拓展关于旅游和假期话题的相关词汇和表达。 2. 感知最高级，为 U3、4 及八下 U7 世界之最的学习做好铺垫。 3. 拓宽学生知识面，激发学习英语的兴趣，培养学生的国际视野。	1. 各小组成员准备一个报道，介绍一个最想旅游的国家。 2. 播放代表性国家的视频，视频中介绍国家名胜古迹及国家之最。 3. 结合人教版 U1 和 EIM 版 Book2 U4、3 设置"我的旅游攻略"的分享环节。
		畅想未来	1. 总结一般将来时的主要句型，拓展有关未来安排和打算的表达。 2. 畅想并分享未来世界在家庭、校园、生活、环境等方面的样子。 3. 意识到世界发展的两面性，具有忧患意识。	1. 小组讨论总结一般将来时的主要句型。 2. 播放未来世界的视频，感知未来世界的样子。 3. 结合人教版 U6、7 和 EIM 版 U9，设置分享环节，分享"我眼中的未来世界"。
	八年级第二学期	世界之最	1. 拓展与世界自然地理之最相关数据的词汇及度量结构的表达方式。 2. 能听懂和理解含有形容词、副词的比较级和最高级的相关语段。 3. 结合八下 U7，培养学生热爱自然，探索世界的好奇心。	1. 以小组为单位，收集关于世界之最的相关材料。 2. 课上播放关于世界之最的相关音频，感知如何使用数量结构表述地理信息和巩固比较级、最高级。 3. 以小组为单位，使用比较级和最高级来介绍世界之最的数据及相关的文化信息。

课程类别	学期	课程名称	课 程 目 标	课 程 内 容
卓雅课程	八年级第二学期	解忧杂货铺	1. 复习巩固及拓展人教版 U10 有关 worries and problems 的词汇及表达。 2. 在讨论中锻炼学生的语言交际能力和沟通能力。 3. 结合八下 U4,鼓励学生勇敢说出自己的看法,引导学生采用合理的方式减压。	1. 通过问卷调查的形式,收集学生目前所面临的各方面问题。 2. 以小组为单位,通过讨论,给出上述问题的相关建议。 3. 给报纸专栏"解忧杂货铺"写一封信,表达自己的观点。
		经典咏流传	1. 掌握人教版八下 U6、8 的词汇及表达。 2. 弘扬中国传统文化,让学生做文化传承人。 3. 培养学生的跨文化意识,将英语语言学习和中国传统文化相结合。	1. 开展用英语讲好中国故事的活动。 2. 以阅读圈的形式,完成文本阅读并进行演绎。 3. 分享我最喜欢的名著。
		创作天地	1. 结合人教版 U4、10 内容,能够根据写作要求,在学习中,收集、准备素材。 2. 能够用收集的素材描述问题,提出建议,也能描述自己喜欢的事物和家乡的变迁。	1. 整理学生的主要问题,小组讨论提出建议。 2. 展现家乡变化的对比图片,学生描述。 3. 同伴合作修改文章并分享建议和变化。
		文化碰撞	1. 鼓励学生在语篇阅读中积累相关词汇和短语,找出中西文化碰撞的语言条目,实现文化模块的语言积累。 2. 班级内部讨论,帮助学生实现中西方文化交流互鉴,使得学生深入体会文化差异。 3. 利用所感知到的语言及背后文化符号来指导学生阅读实践,构建双语文化思维。	1. 大量阅读课本语篇,找出体现文化差异的短语和句子。 2. 学习 EIM 中的西方文化部分,感知地道的西方风俗和表达方式。 3. 提高学生文化互换思维,运用所学文化知识,传播中国文化。

表 1-5　郑州市管城回族区外国语学校"卓雅英语"九年级课程内容

课程类别	学期	课程名称	课 程 目 标	课 程 内 容
卓雅课程	九年级第一学期	善听之耳	1. 分析整合中招听力试题素材的类型,根据话题进行分类。 2. 小组讨论,总结三节听力试题中的易错点,分享破解技巧。 3. 通过听力训练,提升学生提取和加工信息的能力,克服生词障碍,培养跨文化交际能力。	1. 构造不同的日常生活对话语境,引导学生感受并进入语境,熟悉日常表达。 2. 根据中考真题听力材料,整合话题类型,归纳分析,带领学生感受中考听力的考查特点。 3. 分节训练,逐级巩固;话题专练,能力提升;模拟情境,学以致用。
		穿越古与今	1. 通过听力和阅读,了解古今中外推动人类发展的发明创造及其发明时间、人物、背景和由来。 2. 通过学习古今中外一些发明创造的时间、人物与由来等相关表达方式,帮助学生掌握相关话题的表达技能。 3. 通过了解古今中外的发明与创造,感悟人类发展历史,激发学生对于人类创造发明的兴趣,提升学生创造性。	1. 结合课本的 U6,了解拉链、茶叶和篮球的发明。 2. 结合中考阅读理解中的文章,了解高铁、5G、北斗等现代化发明,强化民族自豪感和自信心。 3. 被动语态的学习与使用。
		多彩节假日	1. 阅览由英语描写的我们耳熟能详的中国传统节日,并能用英语简要介绍节日。 2. 积极了解西方与宗教相关的三大节日,体会节日背后的文化内涵和风俗习惯。 3. 体会中西方文化的异同,体味不同节日中传递的情感,表达自己对节日的个人观点,树立文化自信。	1. 会用英语介绍其他的传统节日。选取不同文章了解因南北方地域差异所造成的传统节日活动方面的差异。 2. 会对 Christmas、Easter 及 Halloween 等节日进行英语介绍。 3. 定语从句和感叹句的学习与使用。
		妙笔生花	1. 通过仿写、扩写练习,积累中考常考话题的相关表达。 2. 通过不同话题的写作训练,学生能够切合题目要求,轻松自如地进行表达。 3. 通过提升学生的跨文化表达能力,激发学生对英语语言学习的兴趣。	1. 学会详实地描述经历及感受。 2. 学会用从句表达对未来的憧憬。

课程类别	学期	课程名称	课程目标	课程内容
卓雅课程	九年级第一学期	闪光记忆	1. 通过话题讨论,学生能够提取出相关话题的短语、句型,写出关于回忆的正确句子。 2. 通过提纲构思,学生能够条理清晰地写出相关话题的文章。 3. 通过写作学习,学生能够更加注重对生活的体验,更加热爱生活。	1. 结合 U4,描述个人成长变化。 2. 结合 U11,描述个人情感变化。 3. 结合 U12,描述生活中难忘的经历。 4. 结合 U14,描述初中阶段校园生活的回忆。

　　课程设置的渐进性与合理性,有利于儿童科学地掌握文化知识。因此,我校根据国家教育方针,充分利用学校和教师的资源,认真做好"卓雅英语"课程的实施与建设,既要兼顾课堂教学与自主学习环节,建立与不同课程类型和不同需求级别相适应的教学模式,又要促进儿童自主学习能力的发展和个性化学习策略的形成,最终确立了更加合理的课程内容,期待在具体明确的课程内容的指引下,开展以核心素养为中心的有效英语教学。

第四节 借助多元主体 提升核心素养

课程实施与评价体现了对"卓雅英语"的贯彻与执行,学校通过"卓雅课堂、卓雅社团、卓雅空间、卓雅英语节"四大途径来实施课程,并制定了相应的评价标准来诊断课程实施效果、课程目标的达成程度,进一步优化课程结构。

一、建构"卓雅课堂",提升课程实施能级

"卓雅课堂"是要建立一个理念:课堂教学是为了让儿童尽快"独立",从而达到"教是为了不教"的目的,倡导"以思论教",实现"突思促悟"。

（一）"卓雅课堂"的实施

"卓雅课堂"是在长期的英语课堂教学实践中生成的一种课堂教学形态,兼顾趣味性、整体性、参与性、发展性和创新性,让儿童在思考中发展,在快乐中成长。"卓雅课堂"的教与学是一种和谐状态,不是"一言堂"的教学,也不是"散养式"的教学,而是一种建立在教师认真进行教学预设,儿童积极参与学习、积极思悟基础上的教学,是一种有效的课堂,教与学达到了一种和谐的统一。目前我校"卓雅课堂"主要分为三种模式:

1. 创设"分层教学",提升儿童能力

我校"分层教学"课程依据学校的"差异化小班教学"特色,将儿童按照数学和英语的学习能力和水平分为 A 组和 B 组,每学期期末根据本学期儿童综合表现,进行 AB 动态调组。从儿童的实际情况出发,尊重儿童的个体差异,有的放矢地进行有差别的教学,使每个儿童都能扬长避短,学有所进。AB 组实行走班制度的教学模式,课内外教学和辅导均采用分层形式。

2. 构建"双师课堂",充实课堂内容

响应《义务教育英语课程标准(2022 年版)》,在课程实施中提升信息技术使用效益,我校更加注重双师课堂,将互联网融入英语课堂中。双师课堂依托视频课程,每两周一次,让儿童和外教通过视频形式沟通交流,本校教师作为助教,解决

视频课堂可能存在的问题。双师课堂的上课内容为人教教材的听说部分和文化拓展部分。双师课堂旨在通过这种形式让儿童真切地感受英语母语者的发音和语言运用,同时切实比较中外文化的差异,从而提高儿童口语交际能力、跨文化交际能力。

3. 开展"剑桥课堂",提升课程品质

"剑桥课堂"根据英语学科的特点,注重文化的熏陶感染,潜移默化地将与课堂相关的文化内容渗透于日常的教学过程之中,并与现实相结合,让儿童在学习语言知识及提高英语语言能力的同时受到不断的感染,培养综合性的文化思维品质。

(二)"卓雅课堂"的评价标准

"卓雅课堂"分为"思悟课堂""自主课堂""智慧课堂"等范式。我校卓雅英语重点打造的是"思悟课堂",即让儿童学会思考,提高思维能力,改善思维品质,达到自解自悟,实现"独立"。基于以上分析,我们确立了"思悟课堂"的基本范式(见表1-6)。

表1-6 郑州市管城回族区外国语学校"思悟课堂"基本范式

环节	教　师	学　生
新课导入	1. 联系旧知、已知,创设新内容的氛围,激发兴趣。 2. 恰当地介绍本节学习任务,任务必须有可操作、可检测的目标。	1. 积极调动已有知识储备。 2. 弄清学习任务。
阅读文本	1. 指导自主阅读。 2. 巡视发现汇总以下问题: ① 自主阅读产生的问题,找出共性问题。 ② 学生忽略的重难点。 ③ 学生产生疑难的原因。	1. 通览文本。 2. 整理重点。 3. 标出疑难,并思考疑难产生的原因。
引导讲解	根据自主阅读中的情况,重点讲解。讲解时需做到: 1. 已会的不讲。 2. 疑难一般不要直接讲解,创设情境,逐步引导,让学生自主解决疑难。	1. 积极思考,注意教师的提示和问题。 2. 标出学生自学中未曾注意的地方。 3. 记下仍然没有理解的问题及内容。

环节	教 师	学 生
课堂训练	1. 训练题目要有典型性。 2. 训练题目要有针对性。 3. 训练题目要有层次性。 4. 通过演板和巡视及时了解掌握应用情况。 5. 对掌握应用的薄弱环节强化分析。	1. 认真独立完成练习。 2. 对于未能掌握的练习做出标记,并认真听讲,弄清失误的症结。
总结反思	1. 总结可以做出分类的提示,自己总结。 2. 重点、难点要强调。	1. 主动回顾、总结。 2. 总结时要分类。 3. 总结可以在课堂笔记本上作简要书写。 4. 注意总结思路。
布置作业	1. 作业要目的明确。 2. 作业可分为巩固性、理解性、延伸性、拓展性。 3. 作业要有层次。 4. 作业要有质量。	

我校日常英语教学采用"卓雅课堂"基本范式,教师听评课将其作为授课教师课堂成功与否的评价标准。通过教学实践证明,该模式有助于提升儿童英语水平和教师教学水平。

二、创设"卓雅社团",发展兴趣爱好

为丰富校园文化,发展儿童的兴趣与特长,引导儿童乐学善学,给儿童提供更多的选择,以促进儿童全面、和谐和有个性地发展,英语学科建设"卓雅社团",让儿童在有趣的氛围内学到知识,寓教于乐,为儿童开辟第二学习基地。

(一)"卓雅社团"的实施

"卓雅社团"活动以"参加一个社团,培养一种兴趣;学会一门知识,练就一项技能;体会一个成功,享受一份快乐"为主要目标,不仅为教师的专业化发展指明方向,也培养了儿童的求知、合作、实践、创新、竞争以及适应环境的能力,使儿童在活动中增长知识、开拓视野、陶冶情操、锻炼能力、提高素质。

目前开设的主要社团有：

1. 模拟联合国社团。模仿联合国及相关的国际机构，依据其运作方式和议事原则，围绕国际上的热点问题召开会议。在我校社团指导老师和专门负责人的指导下，儿童扮演不同国家的外交官，作为各国代表，参与"联合国会议"。代表们遵循大会规则，在会议主席团的主持下，通过英语演讲阐述"自己国家"的观点，为了"自己国家"的利益进行辩论、游说，他们通过沟通协作，解决冲突；讨论决议草案，促进国际合作；在"联合国"的舞台上，充分发挥自己的才能。通过社团活动，儿童们了解联合国会议流程，明确国际规则，掌握国际动态；同时培养儿童的领导力和学习能力，提升儿童的个人素养和团队协作能力。

2. 英语戏剧社。充分发挥备课组的力量，让儿童自主选材。采取任务驱动方式，充分发挥儿童的自主和实践能力。首先，由社团指导老师普及戏剧发展史，带领儿童阅读原著。然后通过戏剧作品的欣赏，儿童学习模仿。其次，儿童自主选角，小组分工合作。经过专业表演老师对每一幕进行细致的舞台指导和英语老师进行发音指导后，先在班级展演，最终在学校展演。英语戏剧社增强了英语学习的文化氛围，提高了儿童英语学习的兴趣，让儿童们充分体会到戏剧的魅力，在学习英语语言的同时也锻炼自己的综合素质。

3. "I English"社团。"I English"社团是英语课堂教学的补充和延伸，旨在培养儿童的英语学习兴趣，创设真实的语言学习环境，提高儿童的英语口语表达能力。在社团中，同学们能够认真聆听外教老师对于中外文化的分享，用英语交流学习心得；阅读英文名著和杂志，观看英语经典影片，学习口语表达，并加以模仿配音；走访校园周边，实地考察，设计英文标语，为社会增添价值。社团活动立足于现实，着眼于儿童的英语思维品质培养，促进儿童感受英语人文魅力，全面提高综合语言应用能力。

(二)"卓雅社团"的评价标准

我们根据"卓雅社团"的内涵，以评选"最受欢迎的'卓雅社团'"为契机设计了以下评价量表(见表1-7)。

针对每一期社团活动，学校都用"卓雅社团"评价标准来评价该社团的效果、创设与实施。评价结果证明，儿童在卓雅社团中，英语口语能力得到提高，学习英语的兴趣大大提升。

表 1-7 郑州市管城回族区外国语学校"卓雅社团"评价量表

评价项目	评 价 内 容	评价分值	得分
活动方案	1. 能开发挖掘有意义的课程内容,满足兴趣发展的需求,促进互助共进交往,内容有可学性、迁移性等,并能及时调整。 2. 立足校情,能开发出适合儿童特点和利于儿童发展的校本课程,重视培养儿童的实践能力和创造能力,使儿童喜爱。 3. 能制定详细的课程纲要,并根据课程纲要制定一份课程实施计划。	10 分	
儿童参与	1. 每一个儿童能认真参加活动,并从中学有所获、学有所得,能在活动中提出自己的想法,完成自己承担的任务,培养儿童发展核心素养。 2. 学会关注身边的人和物,学会与人交往的技巧和沟通方式。	25 分	
活动实施	1. 内容安排合理,能充分发挥多媒体教学手段,紧扣主题,准确定位,为儿童任务型学习、合作型学习、自主学习提供了空间和机会。 2. 通过灵活多样、儿童喜闻乐见的教学活动和组织形式,让儿童积极参与活动,提高活动的趣味性、主动性。	25 分	
儿童表现	1. 能积极参加活动,锻炼和提高综合素质,培养表达能力和组织能力。 2. 培养求知、合作、实践、创新、竞争以及适应环境的能力。	20 分	
效果评价	加入社团,培养一种兴趣;学会一门知识,练就一项技能;体会一次成功,享受一份快乐;以汇报演出、总结、展览等形式进行汇报总结。	20 分	
总 分		100 分	

三、打造"卓雅空间",创设浓厚学习氛围

所谓"卓雅空间",就是依托学校文化布置,充分利用学校图书馆、班级图书角、墙壁文化等内容,让儿童畅游在卓雅知识的海洋中,从而为儿童创设浓厚的学

习氛围。

（一）"卓雅空间"的实施

在学校现有的阅览室、班级图书角基础上，结合学校实际情况，设置班级内部的作品展览、走廊里跨班作品展览，激发儿童创作作品、书写英文的兴趣；同时，在班级外墙上悬挂英文版名人名言，鼓励儿童多读英文，培养其英语思维。

1. 设立专门阅读区域。建设阅览室，配备英文绘本、名著等各类图书，满足师生阅读基本需求。师生可以利用课间、三餐饭后去借阅图书。

2. 及时更新班级图书角。每个班级根据实际情况，建设班级图书角，每班英文图书藏有量不少于100本，并定期更新。英文图书种类多样，包含英文绘本、名著、寓言故事等。制定严格的借阅制度，使儿童有序借阅并按时归还。

3. 创设学校墙文化。一方面，利用学校墙壁张贴的英文版名人名言，让儿童沉浸在原汁原味的英文中；另一方面，为了提升儿童的英文书写、创作兴趣，利用墙壁展览儿童的英文作品，形式多样，有手抄报、作文、笑话等，也有英文字体比拼。家校墙文化建设既有教室内部的班级交流分享，又有教室外跨班级的竞赛学习。

（二）"卓雅空间"的评价标准

"卓雅空间"的设计和布局，达到了营造浓厚学习氛围，便于儿童随时随地学习英文、感受英文的要求。"卓雅空间"设计评价要求围绕学校阅览室建设、班级图书角建设、学校墙文化设计三个部分展开。以下是"卓雅空间"评价量表（见表1-8）。

表1-8 郑州市管城回族区外国语学校"卓雅空间"评价量表

评价项目	评 价 内 容	评价分值	得分
学校阅览室	1. 英文图书配备种类符合师生阅读需求。	10分	
	2. 根据儿童数量及图书损耗，及时更新图书，图书数量满足师生阅读需要。	5分	
	3. 阅览室面向师生开放，满足阅读课程设置要求。	5分	
	4. 阅览室环境布置优雅、大方。	5分	

评价项目	评 价 内 容	评价分值	得分
班级图书角	1.班级内有明确的图书角区域。	5分	
	2.班级图书角数量不少于100本。	5分	
	3.图书角图书摆放整齐。	5分	
	4.图书角图书配备符合本学段儿童阅读实际。	5分	
	5.班级图书角面向全体儿童开放。	5分	
	6.儿童有明确的阅读时间。	5分	
	7.班级图书角每学期定期更新。	5分	
	8.班级有明确的图书借阅制度。	10分	
学校墙文化	1.英文名人名言清晰明了,儿童观看方便。	5分	
	2.英文名人名言难度符合儿童水平。	5分	
	3.儿童作品呈现形式多样。	5分	
	4.儿童作品更新及时。	5分	
	5.展览作品对儿童具有教育引导作用。	10分	
总 分		100分	

学校阅览室、班级图书角和学校墙文化的打造,为儿童创造了浓厚的英语学习氛围,有利于儿童之间相互交流英语,让英语学习在潜移默化中发生。

四、开展"卓雅英语节",提升英语综合运用能力

为了创造浓郁的英语氛围,激发儿童学习英语的兴趣,提高儿童英语综合运用能力,同时进一步激发教师自主创新的热情和提高学校的教学水平,我校每年于11月开展"卓雅英语节"活动。

每年"卓雅英语节"活动具体形式包括单词大赛、写作大赛、配音大赛、演讲大赛。通过形式多样的英语节活动,儿童感受英语,运用英语,每个人都各尽其特

长,增强了学习英语的兴趣,提升了语言能力、学习能力和英语综合运用能力。

1. 英语单词大赛。为了检测儿童词汇量,在"卓雅英语节"的第一周,学校会进行英语单词大赛,分为书面和口头两轮大赛。首先,教师设计书面试卷,题型包含汉译英、英译汉、根据语境选相应汉语、根据语境选相应英语、根据英英解释猜单词、通过英文猜谜语等,儿童全员参与,根据结果每班各选出 5 人进入下一轮。其次,第一轮选拔出来的儿童将参加周内的单词接龙比赛,比赛内容多样,例如限定词性或话题,让儿童根据首尾字母进行单词接龙,最终评出单词大赛一等奖 3 人、二等奖 5 人、三等奖 10 人。

2. 英语写作大赛。为了考查儿童的书面表达能力及英文书写,每年 11 月份的第二周学校会进行英语写作大赛。写作分为大作文和小作文,大作文一般为记叙文、说明文、议论文等,小作文多为应用文。在整个比赛中,规范出题流程,年级交叉出题,错班监考,参赛者姓名密封后进行双评批阅,最终评选出一等奖 3 人、二等奖 5 人、三等奖 10 人。

3. 英语配音大赛。为了提升儿童的英语口语,在卓雅英语节的第三周,学校会举行英语配音大赛。各班自愿出选手,人数不限,由老师指导,选取视频配音并进行后期视频的处理,最后上传到"管外有声"公众号上。根据大家点赞数量筛选出各个年级前 30 名,再由整个英语组老师投票选出一、二、三等奖各 3 人、5 人、10 人。整个大赛带动网上全员参与,无论是制作者还是观看点赞者都有参与感,使得学生英语学习激情高涨。

4. 英语演讲大赛。为了提升儿童的英语口语和英语思辨能力,在"卓雅英语节"的第四周,学校会举行英语演讲大赛。各班出 3 名选手,为了公平公正,评委老师选自交叉年级,演讲话题由交叉年级选定,给选手 5 分钟准备时间、5 分钟演讲时间,最终评选出一等奖 3 人、二等奖 5 人、三等奖 10 人。

我们根据儿童的实际需要,设定适应儿童发展的评价标准和评价方式,包含活动准备、活动过程和活动效果三个方面。以下是"卓雅英语节"评价量表(见表 1-9)。

每年 11 月"卓雅英语节"的开展,是儿童学习英语的高潮。儿童勇于参加各项活动,激情高涨,学习英语兴趣浓厚,在提高学习兴趣的同时,综合语言运用能力也得到了提高。

表 1-9　郑州市管城回族区外国语学校"卓雅英语节"评价量表

评价项目	评价内容	评价分值	得分
活动准备	1. 活动设计符合校情,立足儿童实际。	10 分	
	2. 各个环节方案设计详细、充足到位。	10 分	
	3. 儿童积极准备。	5 分	
	4. 教师热情指导。	5 分	
活动过程	1. 儿童参与度高,热情高涨。	5 分	
	2. 各个环节有序进行。	5 分	
	3. 评选流程公平公正。	10 分	
活动效果	1. 儿童满意度高。	5 分	
	2. 教师满意度高。	5 分	
	3. 新颖、独特、多样,让儿童充分展示自我。	10 分	
	4. 提升了儿童英语学习兴趣。	10 分	
	5. 拓宽了儿童视野,增长了儿童见识。	10 分	
	6. 儿童英语综合运用能力得到提升。	10 分	
总　分		100 分	

五、设立"卓雅板报日",丰富英语学习生活

为了进一步激发儿童学习英语的兴趣,营造学英语、爱英语的氛围,培养儿童的创作能力与合作学习能力,引导其将所学英语知识应用到实际生活中,促进能力向素质的转化,我校将每月第二个周五设立为"卓雅板报日",具体实施如下:

(一)定主题,做设计

在每月第一个周五,学校公布本月"卓雅板报日"的主题,班主任通过班会告知儿童主题要求,各班儿童开始筹备下周的卓雅板报日。根据各自的分工,学生

利用周末收集素材、准备和创作。第二周的周一至周四,儿童利用课间和课外活动时间讨论并完成板报设计。

(二)定评比,做表彰

学校成立板报评比团,评比团的成员由各班推选的优秀儿童组成,每班1人。利用每月第二周周五下午课间操时间,在3位教师的带领下,评比团手持评分标准,依次到各个班级进行现场打分,现场公布评选结果。评价标准包括板报内容、板报文字和版面设计三个方面(见表1-10)。评选结果分为一等奖、二等奖、三等奖共三个等级,每个年级每个等级有3个名额。在每月第三个周一升旗仪式上,学校将对获奖班级进行表彰,颁发奖状。

表1-10 郑州市管城回族区外国语学校"卓雅板报日"评价量表

评价项目	评 价 标 准	评价分值	得分
内 容	1. 与主题要求相符合,主题鲜明。	15分	
	2. 积极向上、有教育意义。	10分	
	3. 有创新性。	5分	
文 字	1. 全英文形式呈现。	10分	
	2. 书写清晰美观,适当加以艺术效果。	10分	
	3. 表达无语法错误、标点错误,逻辑清晰。	20分	
版面设计	1. 科学合理、新颖、色彩搭配协调。	15分	
	2. 有标题和插图,插图和文字比例协调。	10分	
	3. 刊头应在醒目位置,大小适中。	5分	
总 分		100分	

"卓雅板报日"不仅充分挖掘了儿童的创造能力和动手能力,培养了儿童的合作能力和集体荣誉感,而且调动了儿童学习英语的积极性,全面提升了儿童的英语书写、美术设计和审美情趣,最终实现了学以致用、学用一体的目标。

综上所述,"卓雅英语"以培养儿童卓尔不群的内在素质与儒雅的外在表现为目标,立足儿童认知发展水平和身心发展水平,倡导英语教学面向全体儿童,突出儿童个性的发展,以多元化的课堂模式培养儿童的语言基础知识和基本技能,同时让儿童在趣味学习中开拓视野,提升思维。同时,课程组制定了完备的课程制度,采用三维评价机制和多样的评价方式并建立定时的质量反馈机制,加强对课程建设规划统筹的力度,规范课程发展,保障课程顺利持续实施。

(撰稿者:席娟　马蕾　王梦娜　江东昕　高翔　王冰寒)

第二章
真实性：在实际问题中践行学思结合

　　真实的课程拥有真实的学习场域，真实的学习场域具有真实的交际活动，真实的交际活动聚焦真实的认知过程，真实的认知过程指向具体的学习内容。 课程学习要紧贴日常生活中鲜活多样的素材，要利用真实的学习材料，在实际问题中诱发真实思考，将所学知识运用到现实生活中去。 基于实际问题，教师充分搜集和利用生活中真实的材料，创设真实的学习情境，让问题走进真实生活，引导儿童发现真实问题，完成课程的真实建构。 真实性的课程在无形中提升了课堂的教学效果，在一定程度上辅助儿童发现真实的生活。

郑州市管城回族区创新街紫荆小学从三年级起开设英语课程。现有英语教师 8 人，其中小学一级教师 5 名，占比约 62%。英语学科师资雄厚，结构合理，是一支充满朝气、充满活力、蓬勃向上的年轻团队。我们在研究《义务教育英语课程标准（2022 年版）》和解读教材的基础上，以培养儿童创新精神和英语实践能力为重点，全面推进素质教育，有序推进我校"多彩英语"课程建设，并取得了显著成效。

第一节 诠释课程愿景 回归儿童本真

一、学科性质观

《义务教育英语课程标准（2022 年版）》指出："义务教育英语课程体现工具性和人文性的统一，具有基础性、实践性和综合性特征。学习和运用英语有助于学生了解不同文化，比较文化异同，汲取文化精华，逐步形成跨文化沟通与交流的意识和能力，学会客观、理性看待世界，树立国际视野，涵养家国情怀，坚定文化自信，形成正确的世界观、人生观和价值观，为学生终身学习、适应未来社会发展奠定基础。"①

英语课程是义务教育阶段的一门必修课，是儿童提升英语的重要途径，英语课程在实施全面素质教育的过程中具有不可替代的作用。英语课堂教学不仅要让儿童全面地掌握知识与技巧，而且要在教学中培养儿童的发散性思维，使英语教学成为既生动活泼又具有语言魅力的素质教育。

二、学科课程理念

基于以上认识，我们提出英语学科的课程理念是：多彩英语——让英语学习多彩、多元、多快乐。我们相信，"多彩英语"能让每一个儿童全面、多元、快乐地发展。

何为"多彩英语"？"多彩英语"意味着课程类型之多、精彩之多、快乐之多。"多彩英语"课程的实施既是儿童通过英语学习和实践活动，逐步掌握英语知识和技能，提高语言实际运用能力的过程；又是他们磨砺意志、陶冶情操、拓宽视野、丰富生活经历、开发思维能力、发展个性和提高人文素养的过程。

（一）"多彩英语"——确立核心目标，促进心智发展

《义务教育英语课程标准（2022 版）》指出："义务教育阶段的英语课程应凸显

---

① 中华人民共和国教育部.义务教育英语课程标准（2022 年版）[S].北京：北京师范大学出版社，2022：1.

学生主体地位,关注学生个性化、多样化的学习和发展需求,增强课程适宜性。坚持与时俱进,反映经济社会发展新变化、科学技术进步新成果,更新课程内容,体现课程时代性。"①

"多彩英语"课程以突出儿童英语核心素养为目标,通过多种教学形式和活动内容,充分调动儿童的情感、兴趣、态度等因素,使儿童快乐地参与其中,让儿童在享受课程学习的过程中,不知不觉提升兴趣、丰富语感、开阔视野、增长知识、发展智力和塑造性格。

(二)"多彩英语"——丰富学科内容,提升语言技能

"多彩英语"课程依据儿童小学阶段的身心特点,在与实际生活紧密相连的基础上,多学科渗透,跨学科融合。课程涉及的内容领域较为广泛:人文、地理、自然、科学、传统文化、国际礼仪、体育等。"多彩英语"课程从儿童实际生活出发,不仅延伸与拓宽了课堂语言学习的内容,而且能够让儿童将英语知识应用于交际之中,还能更好地提升儿童的综合语言运用能力,更好地实现对儿童的养成教育。

(三)"多彩英语"——拓宽学习方法,面向全体儿童

《义务教育英语课程标准(2022版)》指出:"学习和运用英语有助于学生了解不同文化,逐步形成跨文化沟通与交流的意识和能力,树立国际视野,涵养家国情怀,坚定文化自信,为学生终身学习、适应未来社会发展奠定基础。"②

"多彩英语"课程作为一种新的教学模式,通过英文歌舞剧、歌曲、歌谣、绘本、电影、纪录片、演讲、趣味写作、自然拼读、思维导图等多种形式,提高儿童的兴趣,让儿童爱上英语,乐于开口说英语,有效培养儿童的知识和技能,帮助儿童在课程学习中逐步发展批判性思维和创新思维,打破学科之间的知识壁垒,培养儿童的文化意识和国际视野。在课程中,采取自主学习模式、小组合作模式等多种方式,加强师生和生生之间的互动交流,提高儿童的英语综合运用能力,并在实施课程的过程中,及时调整策略,创新方法,让儿童在教师的指导下,通过感知、体验、实践、参与和合作等方式,实现任务目标,提高语言运用能力,感受成功。

---

① 中华人民共和国教育部.义务教育英语课程标准(2022年版)[S].北京:北京师范大学出版社,2022:2.
② 中华人民共和国教育部.义务教育英语课程标准(2022年版)[S].北京:北京师范大学出版社,2022:1.

（四）"多彩英语"——优化多元评价，突出儿童主体

《义务教育英语课程标准（2022年版）》指出："教学评价应贯穿英语课程教与学的全过程，包括课堂评价、作业评价、单元评价和期末评价等。教师要充分理解评价的作用，明确评价应遵循的原则，基于评价目标选择评价内容和评价方式，将评价结果应用到进一步改进教学和提高学生学习成效上，落实'教—学—评'一体化。"①"多彩英语"课程采用多元的评价方式，评价儿童综合语言运用能力的发展水平，通过评价激发儿童的学习兴趣，促进儿童的自主学习能力、思维能力、跨文化意识和健康人格的发展。

"多彩英语"课程评价主体多元化，通过儿童自我评价、小组合作评价、家长评价，对儿童进行多维度的评价。为了使评价更人性化，促使儿童个性发展，推动学校英语学科的发展，"多彩英语"课程还采取了多样化的评价，例如日常评价、语言评价、作业评价、阶段性评价，从而突出儿童的主体地位，改变传统教育教学中单一化的评价模式。"多彩英语"课程评价体系，持续激发儿童的潜力，建立其英语学习的信心，使他们在学习过程中合理利用评价反馈，发展综合语言运用能力、提高人文素养、增强实践能力、培养创新精神。

---

① 中华人民共和国教育部.义务教育英语课程标准（2022年版）[S].北京：北京师范大学出版社.2022：53.

第二节　激活求知渴望　赋能快乐成长

　　《义务教育英语课程标准（2022 年版）》提出的课程目标是："通过课程学习逐步形成的适应个人终身发展和社会发展需要的正确价值观、必备品格和关键能力。英语课程要培养的学生核心素养包括语言能力、文化意识、思维品质和学习能力等方面。语言能力是核心素养的基础要素，文化意识体现核心素养的价值取向，思维品质反映核心素养的心智特征，学习能力是核心素养发展的关键要素。"①

一、学科课程总体目标

　　为实现《义务教育英语课程标准（2022 年版）》对小学阶段英语教育的目标要求，提高儿童的英语素养，结合我校儿童的实际情况，我们提出了"多彩英语"学科课程总目标，并从语言能力目标、文化意识目标、思维品质目标、学习能力目标四方面进行阐述。

　　（一）语言能力目标

　　1. 理解口语和书面语语篇所传递的意义，有效掌握使用口语和书面语进行人际交流的能力。

　　2. 发展语言意识和英语语感，获得在语境中整体运用所学语言知识的能力。

　　3. 学习语言知识，发展语言技能，获得文化体验，并运用学习策略，从而实现创新迁移。

　　（二）文化意识目标

　　1. 积极参与英语学习活动，体会英语学习中的乐趣，乐于接触英语歌曲、读物等。

　　2. 有明确的学习目的，能认识到学习英语的目的在于交流。

　　3. 在生活中接触英语时，乐于探究其含义并尝试模仿。

──────────

① 中华人民共和国教育部.义务教育英语课程标准（2022 年版）[S].北京：北京师范大学出版社.2022：4.

4. 能在小组活动中积极与他人合作,相互帮助,共同完成学习任务。

5. 对祖国文化能有更深刻的了解,能初步理解国际意识。

(三)思维品质目标

1. 经历英语衍生话题讨论,体验使用多种思维方法的过程,活跃、锻炼儿童的发散思维。

2. 引发儿童进行深度思考,鼓励儿童在英语课堂上大胆质疑、提问,引导儿童相互评价、合理批判,训练和培养儿童思维的深刻性和广阔性。

3. 体验贴近生活实际内容的过程,激发学习英语的兴趣,培养并发展形象思维能力。

(四)学习能力目标

1. 理解和运用各种日常生活会话的语言表达形式,在实际应用中体会和领悟语言形式的表意功能。

2. 培养英语综合应用能力,在学习及交往中能用英语进行有效的口头和书面的信息交流。

3. 学会与人合作,并能与他人交流思维的过程和结果。

4. 初步形成评价与反思的意识。

二、学科课程年级目标

依据《义务教育英语课程标准(2022 年版)》分级目标,基于学科课程总体目标,依托"多彩英语"课程理念,设置我校三至六年级分级目标,这里以三年级为例(见表 2-1)。

表 2-1 郑州市管城回族区创新街紫荆小学"多彩英语"课程三年级目标

年级	课 程 目 标	
	上学期	下学期
三年级	**U1** **共同要求** 1. 能够听、说、认读单词 crayon, pencil, pen, eraser, ruler, pencil-box, book, bag.	**U1** **共同要求** 1. 能听、说、认读单词:China, Canada, UK, USA, he, she, teacher, student. 2. 能够在真实或模拟的情境中运用句型

年级	课　程　目　标	
	上学期	下学期
三年级	2. 能够用英文简单地问候、打招呼：Hello/Hi！　Good-bye!/Bye-bye! 3. 分笔顺、规范地书写 26 个英文字母的大小写。 **校本要求** 1. 能够在情境中运用句型 I'm ... 介绍自己。 2. 熟练地运用句型"What's your name?"询问别人的姓名，用"My name's ..."回答别人的询问。 3. 情感上希望培养儿童主动跟别人打招呼，能够自信、大方地介绍自己。 **U2** **共同要求** 1. 能够听、说、认读单词 red, green, yellow, blue, black, brown, white, orange. 2. 能听懂、会说日常问候 Good morning./Good afternoon./Nice to meet you. 3. 分笔顺、规范地书写 26 个英文字母的大小写。 **校本要求** 能够在情境中运用句型"Nice to meet you."表达初次相见或被人介绍而相识时相互间的问候。 **U3** **共同要求** 1. 能听、说、认读单词 head, eye, face, ear, nose, mouth ... 这些关于身体部位的单词，并能用英语介绍自己身体的这几个部分。 2. 听懂、会说问候语"Good morning./How are you?/I am fine, thank you./Very well, thanks." 3. 能在实际情境中运用"This is my/the ..."介绍物品。 4. 分笔顺、规范地书写 26 个英文字母的大小写。	"I'm from ...　He's/She's a ..."等简单介绍自己以及他人。 3. 完整地背默 26 个英文字母，并且能够规范地书写单词。 **校本要求** 1. 熟练地运用句型"Where are you from?"询问别人。 2. 能够在情境中运用句型"I'm/He's/She's from ..."介绍自己以及他人。 3. 情感上希望培养儿童在日常交际对话中感受英语氛围。 **U2** **共同要求** 1. 能够听、说、认读关于家庭成员的单词。 2. 能够在图片、实物或情景的帮助下运用句型： ① Who's that man/woman? He's/She's my ... ② Is he/she your ...? Yes, he/she is./No，he/she isn't. 完整地背默 26 个英文字母，并且能够规范地书写单词。 **校本要求** 能够在情境中运用句型"Who's that man/woman? He's/She's my ..."对家庭成员进行介绍。 **U3** **共同要求** 1. 能听、说、认读单词 tall, short, fat, thin, big, small, long, giraffe, so, children, tail. 2. 能够在图片、实物或情境的帮助下运用句型"It's（so）... It has ..."描述动物。 3. 完整地背默 26 个英文字母，并且能够规范地书写单词。

年级	课 程 目 标	
	上学期	下学期
三年级	**校本要求** 1. 掌握表示建议的句型"Let's …"。 2. 在实际情景中能区分并运用各种问候语,简单地介绍自己和他人。 3. 培养儿童在学习知识的基础上,运用所学语言独立做事情的能力。 **U4** **共同要求** 1. 能够在图片、实物或情境的帮助下运用"What's this/that? It's a/an …"句型询问并回答动物的名称。 2. 分笔顺、规范地书写26个英文字母的大小写。 **校本要求** 1. 能够在情境中运用"Cool! I like it."句型表达赞美或欣赏。 2. 了解英语中部分动物声音的拟声词,培养儿童热爱动物、保护动物的意识。 **U5** **共同要求** 1. 能听、说、认读 cake,milk 等有关食品、饮料的单词。 2. 能听懂、会说一些进餐时需表达的语言:"I'm hungry./Have some …/I'd like some …/Sure. Here you are./Thank you./You're welcome." 3. 分笔顺、规范地书写26个英文字母的大小写。 **校本要求** 能听懂一些进餐时使用的简单的指示语,并能按照指令做出相应的动作。培养儿童养成文明礼貌的用餐习惯。	**校本要求** 1. 掌握句型"It's (so) … It has …"。 2. 在实际情景中能简单地描述动物。 3. 培养儿童在学习知识的基础上,观察周围事物,用简单的英语描述事物的能力。 **U4** **共同要求** 1. 能听、说、认读单词:desk,chair,in,on,under,cap,ball,car,boat,map。 2. 能够在图片、实物或情景的帮助下运用句型"Where is …? It's in/on/under …"询问物品摆放的具体位置。完整地背默26个英文字母,并且能够规范地书写单词。 **校本要求** 1. 能够在情境中运用"Where is …? It's in/on/under …"询问物体方位并作答。 2. 会简单交流的学习策略,逐渐培养对英语学习的兴趣,培养动手能力和英语思维能力。 **U5** **共同要求** 1. 能听、说、认读单词:pear,apple,orange,banana,watermelon,strawberry,grape. 2. 能够在图片、实物或情景的帮助下运用句型"Do you like …? Yes,I do./No,I don't."询问他人对某物的喜好并回应他人的询问。 3. 完整地背默26个英文字母,并且能够规范地书写单词。 **校本要求** 能听懂和谈论自己喜欢的水果,使儿童热爱生活并养成良好的生活习惯。

年级	课　程　目　标	
	上学期	下学期
三年级	**U6** **共同要求** 1. 能听、说、认读 1－10 的数字英文单词。 2. 能听懂、会说"Happy birthday! How old are you? I'm … years old."在实际情景中进行运用。 **校本要求** 1. 能明白"How old are you?"和"How are you?"的区别。 2. 能听懂一些简单的指示语,并能按照指令做出相应动作。要求模仿正确,语调自然。	**U6** **共同要求** 1. 能听、说、认读 11－20 的数字英文单词。 2. 能够在图片、实物或情景的帮助下运用句型"How many … do you see? I see …"询问看到的物品数量并作答。 3. 完整地背默 26 个英文字母,并且能够规范地书写单词。 **校本要求** 1. 能运用 How many … do you see? I see …询问回答看到物品的数量。 2. 能通过观察和数数,培养儿童仔细认真和综合运用知识的认知能力。

　　"多彩英语"课程在完成学科课程总体目标的基础上,重点培养儿童的创新精神和英语实践能力,全面提升儿童的英语素养,有效地推动了学校英语课程品质的提升。

第三节　珍视实际问题　提升语用能力

　　英语课程的学习,既是儿童通过英语学习和实践活动,逐步掌握英语知识技能、提高语言实际运用能力的过程,又是他们磨砺意志、陶冶情操、扩宽视野、丰富生活经历、开发思维能力、发展个性和提高人文素养的过程。

一、"多彩英语"课程结构

　　依据我校"多彩、多元、多快乐"的课程理念,结合课标听、说、读、写、综合运用五个方面的语言技能,基于我校教师、儿童、家长具体情况,构建"多彩英语"课程,包含"Colourful Listening""Colourful Speaking""Colourful Reading""Colourful Writing""Colourful Studies"五大系列课程,在不同年级进行形式多样的内容扩充。我校"多彩英语"课程分为国家基础性课程和拓展性课程。基础性课程主要以国家统编教材为教学媒介,严格执行国家课程。拓展性课程在夯实国家课程的基础上进行拓展和延伸,满足儿童的个性化学习需求(见图 2-1)。

　　图中各板块课程,具体表述如下:

　　"Colourful Listening"用声音唤醒儿童的耳朵。从听英文歌曲、听英语故事到听英语演讲,使儿童的语言输入数量及质量有保障。

　　"Colourful Speaking"让儿童感受表达之妙。包括注重说的练习,从说字母到说单词、句子、故事,并循序渐进到表演。

　　"Colourful Reading"让儿童发现语言之美。从读字母、字母组合到读单词、读句子、读绘本,把读的内容丰富起来。

图 2-1　郑州市管城回族区创新街紫荆小学"多彩英语"课程结构图

"Colourful Writing"引领儿童抒情达意。将"写"的训练逐步升级,从描红书写字母,到临摹写单词、写句子,进而到自主书写表达。

"Colourful Studies"让儿童享受运用之乐。涵盖综合课程,带领儿童走进世界,打开一扇窗去领略世界的风情、欣赏世界的精彩,使儿童成为与世界对话的人。

二、学科课程设置

我校3至6年级使用的是2013版人民教育出版社的《PEP小学英语》,除国家课程外,我校根据各年级儿童的特点进行了拓展性课程的设置(见表2-2)。

表2-2 郑州市管城回族区创新街紫荆小学"多彩英语"课程内容设置

年级 \ 内容		Colourful Listening	Colourful Speaking	Colourful Reading	Colourful Writing	Colourful Studies
三年级	上学期	畅游童谣海洋	快来和我做朋友吧!	火眼金睛辨单词	我是英语"王羲之"	国旗国家我知道
	下学期	童谣声声我会唱	看图说话我最棒	绘本故事我喜欢	单词趣味巧书写	国宝奇旅 I like
四年级	上学期	Alpha blocks 我会唱	口语训练营	Biscuit 系列绘本阅读	句子传情显风采	乐学畅游看世界
	下学期	磨耳练听力	小小模仿家	自然拼读达人秀	笔墨芳华秀自我	饮食习惯大对比
五年级	上学期	经典英文歌谣	暴虐晨读	跟着电影学表达	J.K.罗琳:生活没有魔法	词汇引爆点
	下学期	英伦文化知多少	生活口语指南	如何告别尴聊	莫扎特:音乐神童的诞生	小小翻译官
六年级	上学期	英文十二生肖故事欣赏	我是小导游	The Family Book	My Pen Pal 抒情意	Charming Cities
	下学期	英文原声电影赏析	经典卡通英文模仿秀	The Story of Chinese Zodiac	Last Weekend 巧回顾	Delicious Foods

"多彩英语"课程整体设置,让儿童浸润在充满妙趣与童趣的课程中,使综合语言运用能力得到全方位、多维度的提升。

第四节　丰富真实体验　实现多彩价值

《义务教育英语课程标准(2022年版)》指出:"发展语言能力。能够在感知、体验、积累和运用等语言实践活动中,认识英语与汉语的异同,逐步形成语言意识,积累语言经验,进行有意义的沟通与交流。"①

我们根据儿童身心特点,融合本校特色创建了"多彩英语"为主题的英语特色课程,进而培养儿童听、说、读、写的综合语言运用能力。

一、构建"多彩英语课堂",推动课程实施

结合英语学科的活动特点,在课堂学习中,注重培养儿童的人文素养,在听、说、玩、演的活动中提升英语语言技能,使儿童学得有趣、乐学、爱学,充分感受语言的文化背景,培养具有中国情怀、国际视野和跨文化沟通能力的儿童。

(一)"多彩英语课堂"的实施

我校"多彩英语"课程在教学实践中,力图通过教学和学习方式的转变,激活课堂教学,真正使课堂"多元、多彩、多快乐"。对儿童英语学习的要求,更加注重教学目标、教学方式的多元化选择,教学工具、教学场景的多样性设置。以"Colourful Listening""Colourful Speaking""Colourful Reading""Colourful Writing""Colourful Studies"五大模块为主,活跃英语学习的氛围,激发英语学习的兴趣。

1. "Colourful Listening"。《义务教育英语课程标准(2022年版)》指出:"学生能够树立正确的英语学习目标,保持学习兴趣,主动参与语言实践活动。"②而对于义务教育阶段的英语教学目标来说,首先就是培养儿童的学习兴趣。为了提高儿童的学习兴趣,提高英语教学质量,根据儿童爱唱的特点,可以利用歌曲、歌谣、小韵文或韵

---

① 中华人民共和国教育部.义务教育英语课程标准(2022年版)[S].北京:北京师范大学出版社.2022:5.
② 中华人民共和国教育部.义务教育英语课程标准(2022年版)[S].北京:北京师范大学出版社.2022:6.

律歌等进行教学,把音乐和英语融合在一起,用音乐开启儿童英语学习的兴趣之门。

2."Colourful Speaking"。课堂上,结合生活实际创设情境,利用儿童的好奇心创设一些情境,模拟真实生活场景,让儿童联想自己的每日生活,并合理利用现代化教学工具,例如 PPT、影视节选段落、音频文件等辅助教学,让儿童在浓厚的英语氛围中,快速、大胆、准确地开口说话。

3."Colourful Reading"。阅读是理解和吸收书面信息的途径,是人类学习活动的基本方式之一。培养阅读能力是英语教学的目的之一,是大幅提高儿童英语学习质量的关键。为了提高儿童的阅读能力,我校重视绘本类阅读,从三年级儿童刚开始接触英语时就引入绘本。同时,结合高年级英语学习的现状将精读和泛读结合起来,精读时"少、慢、细",泛读时"多、快、粗"。

4."Colourful Writing"。写是基本语言活动之一,是一种表达性技能,即用语言文字表达思想,传递信息。写的练习必须考虑是否符合儿童的年龄特点,儿童是否感兴趣,是否愿意去做,完成后又是否能体会到成就感。儿童从字母描红到自由表达思想是一个较长的过程,我们通过字母的书写、单词的拼写、句型的操练,为儿童的书写打下坚实的基础。

5."Colourful Studies"。语言学习需要大量的语言输入,输入的途径可以是多种多样的,从课本中学习是最基本的学习方式。基于课堂教学,辅导儿童利用在课堂上掌握的知识与方法,进行自主学习和合作学习,一起探索主要英语国家的人文知识、历史发展,以及标志性的建筑物、节日等。

(二)"多彩英语"课堂的评价方式

在"多彩英语"课堂中,我们从教学目标与内容、教学策略与方法、教学效果与特色、专业能力与表现及综合评价与建议来进行评价(见表2-3)。

表2-3 郑州市管城回族区创新街紫荆小学"多彩英语"课堂的评价表

班级_____ 授课教师_____ 课题_____ 评价人_____ 日期_____

项目	要　　素	权重	得分
教学目标与内容	1.教学目的明确,体现新课标理念。	5	
	2.教学内容具有思想性、文化渗透和学科融合性。	5	
	3.重点难点处理得当,所教知识正确。	5	
	4.教材处理注重科学性、系统性及知识密度性。	5	
	5.按照新课标要求进行听、说、读、写的基本训练。	5	

项目	要　素	权重	得分
教学策略与方法	6. 自然导入、呈现教学内容,准确使用英语课堂用语。	5	
	7. 体现语言的习得策略,精讲多练。	5	
	8. 课堂结构紧凑,各环节衔接自然,知识点处理层层递进。	5	
	9. 教学方法灵活,注重启发调动儿童学习积极性。	5	
	10. 采用多元化课堂评价,课堂气氛活跃,师生配合默契。	5	
教学效果与特色	11. 儿童用英语回答问题,语音语调基本正确。	5	
	12. 采用合作、探究等多种形式组织教学,课堂受益面广。	5	
	13. 鼓励儿童多思考,激发问答、讨论等思维独创性。	5	
	14. 语言认知目标达成具有层次性。	5	
	15. 儿童能持之以恒地、有兴趣地完成语言学习任务。	5	
专业能力与表现	16. 用英语组织课堂教学;语音语调准确,口语流利。	5	
	17. 具有良好的教学基本功及课堂调控能力,语言亲切简练;板书工整,教态自然。	5	
	18. 对教材内容处理得当,活动设计新颖、可操作。	5	
	19. 能适时适度发挥唱歌、表演、画画等特长。	5	
	20. 适时适度使用现代化教学手段,操作规范训练。	5	
综合评价与建议		总分	

"多彩英语课堂"的教学五维评价,将评价过程贯穿于整个教学活动,对进一步提升教学质量有重要作用,真正落实"教—学—评"一体化。

二、开发"多彩英语"课程,丰富英语课程内涵

为了促进儿童的发展,充分发挥儿童的个性潜能优势,满足学校的需要、学科的需要,我校创建了符合学校特色的"多彩英语"课程。

（一）"多彩英语"课程的开发路径

"多彩英语"课程的开发注重儿童的主体地位。"多彩英语"课程的开发围绕儿童的主体地位展开。通过创设开放性的师生、生生互动的交流与分享平台,有

效激活儿童已有的知识和经验,引导儿童参与到课程资源的开发中,促进课程实施中的资源生成。

"多彩英语"课程的开发基于儿童的学习兴趣。三年级是英语学习的起始年级,兴趣是儿童开始学习英语最好的老师,因此,学习兴趣的培养和保持对学习英语的积极性和效果而言至关重要。教师在进行校本开发时精心选择课程内容,为儿童创设良好的语言环境,并引导儿童在自然的语境中运用英语进行交流,调动儿童学习英语的热情。

"多彩英语"课程的开发让课程回归生活。小学英语课程资源开发,应该把生活化和活动化相结合作为开发原则,紧密联系儿童生活实际,指导儿童着眼于当前的生活,创造未来的美好生活。采取生活化的教学方式,使之有效地指导小学英语教学改革的实施,使英语教学从一味的"知识传授"转向"回归生活"。

"多彩英语"课程的开发充分利用网络资源。互联网的迅猛发展为小学英语课程的开发提供了很大的帮助,因此,学校和教师要积极创造条件,使儿童能够充分利用计算机和网络资源,根据自己的需要自主学习。

(二)"多彩英语"课程的评价

"多彩英语"课程根据每一位儿童的实际表现,从课程目标、课程内容、能力发展、达成效果对其进行综合评定(见表 2-4)。

表 2-4　郑州市管城回族区创新街紫荆小学"多彩英语"课程评价表

评　价　标　准		效果
课程目标	1. 认真参与每一次活动。	
	2. 活动前积极准备。	
	3. 活动中敢于开口说英语,乐于与他人合作。	
课程内容	1. 通过对课程内容的消化,提出独到的见解。	
	2. 通过思考,能够寻找更适合自己的学习方法。	
能力发展	1. 乐于倾听,善于表达,敢于结合所学过的知识进行创新运用。	
	2. 明确自己的学习任务,围绕主题进行有效的探索。	
	3. 引导儿童开展自主探索、合作交流的有效学习方式。	
	4. 能满足儿童心理需要,适时采用多样的激励性评价,较好地激发儿童求知欲,促进多样化发展。	

评　价　标　准		效果
达成效果	1. 认知、过程、情感目标达成率高,效果好。	
	2. 体验成功,学有所得,不同层次的儿童都能感受英语学习带来的成功体验。	
	3. 能综合运用所学语言,进行多元输出,形成初步的综合语言运用能力。	
	4. 感知英语知识,提高核心素养。	
总　评		

"多彩英语"课程注重儿童的主体地位,因此在评价上也围绕儿童的主体地位来展开。从以上四个方面对儿童进行有效评价,可以使他们在学习过程中合理利用评价反馈发展他们的综合语言运用能力,从而提高人文素养,增强实践能力。

三、解读"多彩英语节",推进校园英语特色课程的实施

为激发儿童对英语学习的兴趣,同时也为了更好地丰富校园英语文化,营造浓厚的英语学习氛围,学校每年举行一次"多彩英语节"活动,根据儿童之间的水平与能力的差异,各年级围绕一个主题,开展一系列英语活动。

（一）"多彩英语节"的活动设计

"多彩英语节"结合每个年级的教学重难点,设计丰富、精练的英语活动,极大地激发了儿童的学习兴趣和参与热情(见表2-5)。

表2-5　郑州市管城回族区创新街紫荆小学"多彩英语节"活动一览表

年级	活动主题	活　动　内　容
三	Spelling Fun	要求在既定时间内,根据单词的读音,精确地顺次拼出单词的全部字母,并完整读出来。
四	Reading Festival	用准确的语音语调朗读绘本,并用自己的语言将故事复述出来,最后说出自己的感悟。

年级	活动主题	活动内容
五	Writing Carnival	根据既定主题,看图写话,要求文字流畅、逻辑通顺、语法准确。
六	School Oscar	自选片段,小组合作,分工扮演角色,完成情景剧表演。

"多彩英语节"根据不同年龄段儿童的兴趣设定主题,并开展适合他们的活动,从而营造浓厚的英语学习氛围。

(二)"多彩英语节"的活动评价

活动评价标准原则上一是活动要贴近生活,有教育意义;二是活动要让儿童作为主体,符合儿童智力发展水平;三是重视对儿童的学习潜能以及创新能力的评价,致力于儿童的全面发展。"多彩英语节"旨在提高儿童英语能力,让儿童动笔写,开口说,告别哑巴英语。通过开展实践性、文化性、趣味性的英语文化活动,使他们在轻松的环境中学习英语,提高英语应用能力。为保障"多彩英语节"的效果,且具有实效性,从自评、互评、师评等几方面进行评价(见表2-6)。

表2-6　郑州市管城回族区创新街紫荆小学"多彩英语节"评价表

评价内容		自　评		互　评		师　评	
情感态度	活动参与度						
	活动表现						
实践能力	搜集资料能力						
	创新能力						
成果展示	紧扣节日主题						
	观赏性						
总　评							

有活动,有反馈。通过自评、互评、师评三方面反馈,可以更加全面地总结活动收获,提高英语实践能力。

四、开设"多彩英语社团",发挥儿童潜能

为激发儿童学习英语的兴趣,提高儿童的语言运用能力,帮助儿童树立学习英语的自信心,养成良好的学习习惯,丰富儿童的课外文化生活,引导儿童感受英语的魅力,学校成立了"多彩英语社团"。儿童可以通过有效的英语社团活动,更好地发展英语兴趣。

（一）"多彩英语社团"的活动内容

"多彩英语社团"面向全体儿童,为培养儿童的全面发展和综合能力打下坚实的基础。社团具有自主性、开放性、多样性等特点,能满足不同儿童的兴趣需求。社团活动为喜爱英语的儿童提供真实、互动的语言交流场景,创建轻松、自然的语言学习氛围,英语爱好者在这里展现个人风采,提高口语交际能力,拓宽视野,汲取优秀文化精华。

"多彩英语社团"主要活动内容有英语演讲比赛、辩论赛、英语小游戏、唱英文歌曲、单词大比拼、自编对话、交流日常口语、英语书写比赛、英语手抄报、表演英语课本剧、自编话剧、充分利用课本录音进行朗读训练,并积极开展朗读比赛;利用校园小广播,让儿童进行口语表达,能够流利地进行口语交际。活动前教师先确定好主题,让儿童按照主题进行活动,确保活动有序开展。

学校将每隔一周的周三下午的两节课后定为英语社团课时间,儿童自主选择自己喜欢的主题积极参加社团活动。

（二）"多彩英语社团"的评价标准

"多彩英语社团"鼓励儿童自主创新,勇于展现自我,培养儿童积极、向上、乐观、自信、健康的精神风貌,发展儿童的个性,提高儿童的综合素质,促进儿童的全面发展。"多彩英语社团"不断摸索创新,不断完善思路,使之逐渐规范化、系统化,成为校园社团中最亮丽的一道风景。为保障社团活动的持续发展,具有实效性,学校从出勤、学习态度、课堂表现等几方面对社团成员进行评价(见表2-7)。

表2-7　郑州市管城回族区创新街紫荆小学"多彩英语社团"评价表

评 价 内 容		自 评			师 评		
		★	★★	★★★	★	★★	★★★
多彩英语社团	按时参加,不迟到,不早退						
	能认真完成老师布置的任务						
	作品新颖有创意						
	上课积极发言,与同学团结合作						
	积极追求知识,善于展现自我						

　　"多彩英语社团"评价表可以帮助儿童复盘自己在社团中的表现,并根据评价反馈,进一步提高自己。

五、拓展"多彩英语在线",充分利用互联网资源

　　《义务教育英语课程标准(2022年版)》明确指出:"英语的学习能力是指积极运用和主动调适英语学习策略、拓展英语学习渠道、努力提升英语学习效率的意识和能力。"[①]初级英语教学的实质是语言的训练。儿童在此过程中要付出努力,要花费一定的时间。反复的记忆将使儿童厌烦,"多彩英语在线"利用网络将书本的文字"活"起来,有助于落实语言教学目标。

　　(一)"多彩英语在线"的内容

　　学校建立班级微信小组群,组内成员能分享阅读,相互学习,相互促进。这不仅可以给儿童提供展示的平台,还可以取长补短。另外,针对课后复习及作业,我们依托钉钉平台,为儿童提供丰富的学习资料、多彩的作业内容、多元的作业形式,由此极大地调动了他们的积极性。

　　(二)"多彩英语在线"的评价

　　"多彩英语在线"巧妙地利用现有的网络资源,从听、说、读、写、用五个方面对

---

① 中华人民共和国教育部.义务教育英语课程标准(2022年版)[S].北京:北京师范大学出版社.2022:5.

儿童进行具体的评价(见表2-8)。

表2-8 郑州市管城回族区创新街紫荆小学"多彩英语在线"评价表

评价项目	类 别	评 价 内 容	总分	得分
微信小组群	读	儿童能够积极地在微信阅读群里进行文本朗读、背诵。	20	
网络、APP 软件	听	儿童能够积极收听英语绘本及其他英语视听资料。	20	
	说	儿童能够积极完成趣配音任务。	20	
	写	儿童能够积极完成闯关练习。	20	
	用	儿童能够积极进行英语学习资料的收集和整合。	20	

"多彩英语在线"评价在传统的"听、说、读、写"外又增加了一个知识整合,即"用"的部分,与时俱进,多方面考察儿童的实践能力。

六、举办"多彩英语竞赛",享受英语学习的乐趣

《义务教育英语课程标准(2022年版)》指出:"开展英语综合实践活动,提升学生运用所学语言和跨学科知识创造性解决问题的能力。"[1]英语语言知识比较抽象,儿童年龄小,学起来难免感到枯燥,而竞赛式教学可以把枯燥无味的知识通过竞赛的方法呈现出来,使儿童主动去学习、去掌握。

竞赛是提高兴趣的一种手段,在竞争过程中儿童的成就动机更加强烈,克服困难的毅力增强。在竞赛的情况下,儿童的学习效率也有很大提高。

(一)"多彩英语竞赛"的形式与实施

由于儿童之间的水平与能力存在显著性差异,根据儿童的实际发展情况,学校按年级设计不同层次的竞赛,使每一个儿童都有展示自我的平台。

---

[1] 中华人民共和国教育部.义务教育英语课程标准(2022年版)[S].北京:北京师范大学出版社.2022:41.

三年级以字母和单词竞赛为主：1. 字母排序我最快。把参赛儿童分为两组，一组拿大写字母的卡片，另一组则拿小写字母的卡片，每人一张，裁判在黑板上画两个大圆圈，让儿童按照字母顺序把大、小写字母依次贴到圆圈内，先贴完并且没有失误的小组获胜。2. 单词接力赛。把儿童分成四人一组，教师把事先准备好的四张标有序号的白纸分给每一组的第一个儿童。比赛开始后，教师读出单词并出示相应图片。每一组的第一个儿童在纸上写出第一个单词后，马上将纸传给第二个儿童，依次轮流，直至最后一个儿童，总共用时最少、拼写正确的小组赢得胜利。

四年级以句子竞赛为主：1. 传话竞赛。把儿童分成四组，教师先小声对第一组的第一个儿童说一个句子，接着依次往后传，由最后一个儿童大声地把这个传至最后的句子说出来，说对的小组得一分。如果小组都说对了句子，则用时最少的小组获胜。2. 回答问题竞赛：把儿童分成若干组，教师快速提出一些日常用语问题，能快速反应并回答正确的儿童，可为本组赢一分。

五年级以短文竞赛为主：1. 看图写话竞赛。教师出示一组 8 张图片，儿童要用给出的关键词为每张图片造句，并添加合适的连接语句将造的句子组成一篇完整的作文。2. 故事续写竞赛。教师给出一篇趣味性较强的英文绘本小故事，要求儿童在充分理解故事内容的前提下，发挥想象力，在规定时间内为这篇故事续写一个新的结尾。

六年级以综合能力竞赛为主：1. 听说复读竞赛。教师准备听说训练所需的材料。内容挑选比较生动、有情景的课文，先让儿童听两遍录音，当放至第三遍时，每放一句就暂停，并让儿童来模仿，看谁的语音、语调、神态、动作模仿得最像，就为本组赢得一分。2. 总结能力竞赛。教师出示一篇逻辑性较强的科普类英文短文，要求儿童在规定时间内读完文章，并用英文说出不超过 100 个单词的内容梗概，谁的梗概简洁完整，又没有语法错误，就为本组赢得一分。

（二）"多彩英语竞赛"的评价

多彩的竞赛活动为儿童提供相互学习、团队合作和公平竞争的学习环境，鼓励他们小组合作解决困难，还能引导他们正确地认识竞争的残酷、奋斗的艰辛和成功的喜悦。竞赛，让儿童的思维更加活跃，有竞赛才能有发展，有评价才能有反思与成长。多彩英语竞赛的评价内容见表 2-9。

表 2-9 郑州市管城回族区创新街紫荆小学"多彩英语竞赛"评价表

评 价 内 容		自 评			师 评		
		★★★	★★	★	★★★	★★	★
情感态度	积极参与比赛						
	仪表大方得体						
合作协商	与成员合作沟通						
	乐于听取他人意见						
成果展示	语音准确,语调自然						
	感情充分,内容充实						
	善于创新						

综上所述,"多彩英语"在不同年级进行形式多样的内容扩充,总体达到了让每一个儿童都能全面、多元、快乐发展的目标。

(撰稿者：安瑞 张艳 王晓晶 申惠源 朱彤 乔佳宁)

第三章
实践性：在探索研究中感知语言奥妙

　　语言不仅是沟通的工具，而且是思维的工具。 在真实语境中寻求生活的含义，感悟童年的美好；在丰富实践中体会情感的变化，感悟生活的幸福；在交流互动中体验语言的博大，感悟心智的成长。 在课堂上创设富有情感色彩、探索体验的场景，鼓励学生积极参与和实践。 用声情并茂、丰富多彩、幽默风雅的课堂让学生的语言学习多一些思考的情境，多一些活动的空间，多一些自我表现的机会，使其在探索研究中感悟语言的奥妙。

郑州市管城回族区东关小学英语教研组教研氛围浓厚，教师队伍精良，结构合理，现有教师11人。 在年轻、充满活力且积极向上的教研团队里，既有河南省教学标兵，也有管城回族区名师、管城回族区骨干教师；还有全国优质课一等奖、河南省一师一优课一等奖、郑州市优质课一等奖以及管城回族区优质课一、二等奖获得者。在推进我校英语学科课程建设期间,全体英语教师依据教育部《义务教育英语课程标准（2022年版）》,秉承"异美教育"理念，推进我校英语学科群建设，取得了可喜的成效。

第一节 开拓思维 感知语言妙趣

《义务教育英语课程标准（2022 年版）》提出："英语属于印欧语系，是当今世界经济、政治、科技、文化等活动中广泛使用的语言，是国际交流与合作的重要沟通工具，也是传播人类文明成果的载体之一，对中国走向世界、世界了解中国、构建人类命运共同体具有重要作用。"①通过英语课程的学习，"能够了解不同国家的优秀文明成果，比较中外文化的异同，发展跨文化沟通与交流的能力，形成健康向上的审美情趣和正确的价值观；加深对中华文化的理解和认同，树立国际视野，坚定文化自信"②。

依据《义务教育英语课程标准（2022 年版）》，结合我校"异美教育"的理念和英语教学的实际，基于英语学科性质观和学科课程理念，我校英语组提炼出了具有我校特色的英语学科课程哲学。

一、学科性质

《义务教育英语课程标准（2022 年版）》明确规定："义务教育英语课程体现工具性和人文性的统一，具有基础性、实践性和综合性特征。学习和运用英语有助于学生了解不同文化，比较文化异同，汲取文化精华，逐步形成跨文化沟通与交流的意识和能力，学会客观、理性看待世界，树立国际视野，涵养家国情怀，坚定文化自信，形成正确的世界观、人生观和价值观，为学生终身学习、适应未来社会发展奠定基础。"③

---

① 中华人民共和国教育部.义务教育英语课程标准（2022 年版）[S].北京：北京师范大学出版社,2022：1.
② 中华人民共和国教育部.义务教育英语课程标准（2022 年版）[S].北京：北京师范大学出版社,2022：5.
③ 中华人民共和国教育部.义务教育英语课程标准（2022 年版）[S].北京：北京师范大学出版社,2022：1.

我校英语学科的核心价值是：在自信中品味文化异同，培养儿童的核心素养；用富有创造力的教育教学方式，唤醒儿童的情感，让儿童体验中外文化的差异，融合中西文化，感受英语魅力，享受真正有所获的英语课堂。因此，我们的英语课程从英语的知识和文化视角出发，使儿童掌握基本的英语知识和技能，并乐于自主学习和运用英语知识解决实际的学习问题，提高儿童语言综合运用能力。围绕儿童核心素养，通过表演、赏析、阅读和创编等多种实践活动，发展儿童的个性，提升其思维品质和学习能力。

二、学科课程理念

依据《义务教育英语课程标准（2022 年版）》精神，发挥核心素养的统领作用，构建基于分级体系的课程结构，结合我校英语学科的发展历程和实际情况，我校的英语课程核心理念确定为"异美英语"。所谓"异美英语"，即"在中西方文化中感受英语的魅力"的课程，具体如下：

"异美英语"即儿童积极参与、体验的课程。新的课程理念提出，儿童是课堂学习的主体。对儿童而言，语言的学习应在轻松愉悦的氛围中进行，这样才能让他们积极参与英语学习，感受英语语言之美。

"异美英语"即让儿童思维碰撞的课程。思维品质反映儿童的个性特征。提升儿童的思维品质有助于儿童学会发现问题和解决问题，形成正确的人生观和价值观。针对儿童心理特点以及发展需求，我们致力于打造和谐有趣的课程，营造欢快愉悦的课堂氛围，运用丰富的教育教学方式，以此激发儿童的积极性，唤醒自主学习英语的热情，在多重空间和领域进行思维的碰撞，进而促进儿童语言能力的发展和提高，帮助儿童体验英语学习之美。

"异美英语"即儿童感受不同文化的课程。文化意识指对中外文化的理解和对优秀文化的鉴赏。儿童在学习和互动的过程中，不断对西方文化知识和传统文化进行深度探索，提高对中外文化异同的鉴别能力，以此帮助深入理解祖国的文化，进一步增强家国情怀，涵养品格。课程在使儿童感受中西文化差异之美的同时，培养其爱国主义情操和社会责任感。

"异美英语"即儿童实践运用的课程。课程倡导围绕真实情境和真实问题，激活学生已有认知，并将其运用到实践活动中。在教学中坚持学用结合，教师要尝试为儿童创设一个驰骋的空间,从而激发儿童的创造性,提高儿童的实践能力,促使儿童勇于体验,并将英语的学习融入日常生活。

综上所述,"异美英语"是培养儿童核心素养的课程,是对儿童语言学习的熏陶和激发思维的课程,是儿童积极参与、勇于实践的课程,是让儿童在异彩纷呈的中西文化中感受英语魅力的课程。

第二节　关注实践　创建语言新知

以"异美英语"的学科课程理念为出发点，依据《义务教育英语课程标准（2022年版）》，我校梳理了英语学科课程总目标和年级目标。

一、课程总体目标

依据《义务教育英语课程标准（2022年版）》总目标中发展语言能力、培养文化意识、提升思维品质和提高学习能力等四个维度，我校英语学科课程设置总体目标如下：

（一）感知

1. 共同目标：儿童在小学阶段能感知和领悟单词、短语及简单句和语言信息，领悟基本语调表达意义。能够正确读出、书写26个英文字母，了解简单的拼读规则，了解单词有重音、句子有重读，了解英语语音包括连续、语调、节奏、停顿等要求。在日常生活中做到语音、语调基本正确、自然、流畅，并注意重音和语调的变化。在词汇方面，在知道单词拼写构成的基础上，学习单词的音、义、形。初步掌握运用400个左右的单词来表达二级规定的相应话题。

2. 校本目标："异美英语"的感知是英语学习的基础，儿童感知、理解语音和符号的过程就是学习语言的过程。理解和运用有关下列功能语言表达形式：问候、介绍、告别、请求、邀请、致谢、道歉，理解和表达与个人情况、家庭与朋友、身体与健康等各种主题相关的信息和观点。

（二）表达

1. 共同目标：能围绕相关主题，运用所学语言，与他人进行简单的交流，介绍自己和身边熟悉的人或物；表演小故事或短剧，语音、语调基本正确；在书面表达中，能根据图片或语境，仿写句子或写出几句意思连贯的话。

2. 校本目标："异美英语"的表达是语言学习的重要内容和目标，是综合语言运用能力提高的重要途径。英语教研组的教师基于不同年级的学情，课程实施中采用多种方式帮助儿童进行语言表达,掌握在特定语境中准确理解他人和表达自己的知识,学习和掌握一定的语用知识,从听、说、读、写、用等各个方面,着力提升儿童的语言技能。

（三）比较

1. 共同目标：比较中外文化的异同,发展跨文化沟通和交流的能力,帮助儿童形成文化意识。能在教师的引导下,通过故事、介绍、对话、动画等获取中外文化的简单信息;能感知与体验文化的多样性,对学习和探索中外文化有兴趣;能在理解的基础上进行初步的比较;能用简单的句子描述文化的不同,具有观察、识别、比较中外文化异同的能力。

2. 校本目标：学校在不同年级采用多种方式实施主题渗透文化意识,如饮食文化、节日文化、地理文化等。使儿童在学习和日常生活中,能了解中外文化差异,进一步了解中国的传统文化,增强民族自豪感,培养爱国主义精神。

（四）体验

1. 共同目标：体验直接影响儿童的学习兴趣、动机、自信、意志和合作精神等,是培养儿童英语语言能力和核心素养的关键,是形成国家意识和国际视野的重要途径。保持学习者积极的学习态度是英语学习成功的关键。

2. 校本目标："异美英语"秉持在体验中学习,使得儿童在英语学习中能体会英语学习的乐趣,乐于使用英语表达自己的想法,积极参加各种英语学习活动,在小组活动中能与他人积极配合和合作。

（五）实践

1. 共同目标：实践能帮助儿童形成自己的学习策略,儿童在英语学习的过程中积极运用和主动调试英语学习策略,拓宽英语学习渠道,努力提升英语学习效率的意识和能力。有意识地培养儿童积极与他人合作,共同完成学习任务。

2. 校本目标：培养儿童问题意识,主动向老师或者同学请教;会制订简单的英语学习计划,并且对所学内容进行主动复习和归纳;积极运用所学英语进行表达和交流,注意观察生活中使用的简单英语;学会初步借助简单的工具书、数字技术和在线教学平台学习英语等。

二、学科课程具体目标

根据课程总目标的要求,结合教材和教学用书,我校确立系统且循序渐进的"异美英语"课程体系目标,在感知、表达、比较、体验和实践等方面制定了各年级共同目标和校本目标,以四年级为例,具体内容详见表 3-1。

表 3-1 管城回族区东关小学"异美英语"课程四年级目标表

学期\年级	上 学 期	下 学 期
四年级	**第 一 单 元** **共同目标:** 1. 能够询问并回答物品的位置。 2. 能够在情景中提出行动建议。 3. 能够掌握教室里的物品的单词表达。 4. 能够掌握 a—e 的发音规则。 **校本目标:** 1. 学习字母在单词中的发音规律,能够根据所学字母组合发音进行拆音、组合、拼音等。 2. 能够用图文结合的方式展示并介绍自己的学校,培养爱校的主人翁意识。	**第 一 单 元** **共同目标:** 1. 能够在情景中运用、询问方位并回答。 2. 能够掌握教室名称的单词。 3. 能够掌握字母组合 er 的发音规则。 **校本目标:** 1. 能够在情景中和同伴进行角色扮演,以表演的形式展示,具有合作、大胆创新的能力。 2. 了解校园日常行为规范,知道在什么场合做什么事情。
	第 二 单 元 **共同目标:** 1. 能够在情景中运用某物里有什么的句型。 2. 询问并回答某处有什么物品。 3. 能够在情景中运用询问并回答物品的颜色。 4. 能够掌握 i-e 发音规则。 **校本目标:** 1. 能在图片的辅助下读懂、复述简单的小故事。 2. 了解绘本,增加阅读兴趣,培养阅读能力。	**第 二 单 元** **共同目标:** 1. 能够在情景中运用句型"What time is it? It's …"询问时间并回答。 2. 能够在情景中运用句型"It's time to …"来描述即将要做的事情。 3. 能够掌握时间的单词。 4. 能够掌握字母组合 ir 的发音规则。 **校本目标:** 1. 了解时区的概念,知道不同时区的时间不同。 2. 能够在小组活动中询问并表达时间,增强合作探究的能力。

年级\学期	上 学 期	下 学 期
四年级	**第 三 单 元** **共同目标:** 1. 能够询问他人姓名或身份,并能回答。 2. 能够在情景中运用句型描述人物的性格和外貌。 3. 能够掌握人物性格外貌的词。 4. 能够掌握 o-e 的发音规则。 **校本目标:** 1. 会唱课本中及课外简单的英文歌曲。 2. 会用恰当的单词有礼貌地描述他人,能够正确看待外表,懂得不以外表评判他人的道理。	**第 三 单 元** **共同目标:** 1. 能够询问他人意见、天气情况并能进行回答。 2. 能够在情景中运用句型"It's ... and ..."描述气候特征。 3. 能够听、说、认读天气类的词。 4. 能够掌握字母组合 ar 的发音规则。 **校本目标:** 1. 了解世界上一些主要城市及其天气差异。 2. 了解讨论天气所具有的寒暄功能,感知气温描述中的文化差异。
	复 习 单 元 一 **共同目标:** 1. 能够听、说、认读并在实际情景中运用 U1-3 的核心句型。 2. 能够听、说、认读并在实际情景中运用 U1-3 有关教室物品设施、书本文具及描述他人性格、外貌、穿着的单词或短语。 3. 能够读出符合发音规则的单词。 4. 能够体会同学之间互帮互助的友谊,加强人际交往的能力。 **校本目标:** 1. 能正确书写句子,并能根据所想造句,具有更高的书写能力。 2. 能够准确掌握前三个单元所学知识,能融合三个单元主题进行自由交流。	**复 习 单 元 一** **共同目标:** 1. 能够听、说、认读并在实际情境中运用 U1-3 的核心句型。 2. 能对他人询问地点的句型进行回答。 3. 能够在情景中运用句型,对他人询问时间的句型进行回应。 4. 能够听、说、认读并在实际情境中运用 U1-3 有关各类教室、气候特点、天气情况、日常活动的单词或短语。 **校本目标:** 1. 能够在游戏闯关的活动中,提升语言学习的积极性,增强灵活运用语言的能力。 2. 能够运用"英语趣配音"进行配音活动,提升学习兴趣。
	第 四 单 元 **共同目标:** 1. 能够询问物品、人物的位置并做出相应判断。 2. 能够在情景中提出行动建议。 3. 能够掌握房间相关的单词。 4. 能够掌握 u-e 的发音规则。	**第 四 单 元** **共同目标:** 1. 能够在情景中运用句型,并回答各种蔬菜或动物的名称。 2. 能够掌握动物类的单词。 3. 能够读出符合发音规则的单词;能根据读音拼写符合 or 发音规则的单词。

学期 年级	上　学　期	下　学　期
四年级	**校本目标：** 1. 对位置的理解更加深入，明确各个房间及其功能，会描述自己的家和家人位置。 2. 会感知元音字母后-e 这类字母组合的构成和发音规律，能够总结出其规律。	**校本目标：** 1. 了解并积累与动物相关的谚语、习语。 2. 能够扩展、续写故事，了解不同语境中的语言形式。
	第 五 单 元 **共同目标：** 1. 能够在情景中征求并表达用餐建议。 2. 能够掌握食物类的单词。 3. 能够掌握-le 的发音规则。 4. 了解用餐礼仪，能够对用餐建议做出恰当反应，初步了解中西方餐饮文化的差异。 **校本目标：** 1. 能够熟练掌握食物相关语言，能综合健康营养、口味、人数、价格等各方面用英文为众人点餐，培养综合思考的能力和语言表达能力。 2. 能在用餐礼仪中感知中外餐饮文化的差异，能在与外国友人的接触中考虑到饮食差异。	**第 五 单 元** **共同目标：** 1. 能够在情景中运用句型，询问并回答物品的主人。 2. 掌握衣物类的单词。 3. 掌握字母组合-le 的发音规则。 **校本目标：** 1. 建立大方得体的审美观，养成及时整理个人物品的良好习惯。 2. 能够在有意义的语境中拓展相关话题。
	第 六 单 元 **共同目标：** 1. 能够在情景中恰当运用句型询问家庭成员人数。 2. 能够掌握家庭成员相关的表达。 3. 能掌握 a,e,i,o,u 的发音；能够体会并表达对家庭和生活的热爱之情。 **校本目标：** 1. 能够在学习中掌握词汇学习的方法，具有持续学习的态度和能力。 2. 能够对元音字母及其相关字母组合的发音和规律熟练掌握、运用。	**第 六 单 元** **共同目标：** 1. 能够在情景中运用句型"Can I try ... on?"，并能请求试穿某件衣物并告之尺码。 2. 能够在情景中运用句型"How do you like ...?"询问对某商品的意见。 3. 能够在情景中运用句型"How much is it? It's ..."问答某商品的价格。 4. 能够在情景中运用句型"It's very/too ...""They're very/too ..."描述某物品。 **校本目标：** 1. 能以得体的方式与人交流。 2. 认识主要英语国家的货币名称、符号和单位。

学期 年级	上　学　期	下　学　期
四 年 级	**复习单元二** **共同目标：** 1. 复习询问物品位置的句型，能够运用句型询问和谈论物品位置。 2. 复习用餐时的基本句型，能够运用这些句型征求并表达用餐意愿，提出用餐建议。 3. 复习询问别人家庭情况的句型。 **校本目标：** 1. 能养成积极复习巩固的好习惯。 2. 能够积极地表达自己的想法和意愿。	**复习单元二** **共同目标：** 1. 能够听、说、认读并在实际情景中运用 U4-6 单元的核心句型。 2. 在实际情景中运用 U4-6 有关农场、衣物和购物的单词。 3. 能够掌握 U4-6 语音板块重点字母或字母组合的发音。 **校本目标：** 1. 能够更好地理解单词音—形—义之间的联系。 2. 养成勤俭节约的好习惯。

英语课程总目标围绕核心素养，体现学科课程的性质，并反映课程理念。学段目标是总目标在各学段的具体化，他们之间具有连续性和进阶性。"异美英语"遵循语言能力发展规律，满足不同学段儿童的需求，进一步培养儿童的学习能力，让儿童在中西文化中感受英语学习的魅力。

第三节 多元活动 致力儿童成长

"英语课程内容由主题、语篇、语言知识、文化知识、语言技能和学习策略等要素构成。围绕这些要素,通过学习理解、应用实践、迁移创新等活动,推动学生核心素养在义务教育中持续发展。"①

因此,我校英语学科的课程建设原则为:基于英语学科课程标准的内涵,帮助儿童通过语言实践活动,逐步掌握英语知识和技能,提高综合语言实际运用能力;通过各种活动磨砺意志,陶冶情操,拓宽视野,建立正确的情感态度和价值观;通过了解物质文化知识、非物质文化知识和中西方文化的差异,增强文化自信;通过丰富的实践活动,提高语言运用能力,切实将语言作为交流和学习的工具。

一、学科课程结构

依据《义务教育英语课程标准(2022年版)》的要求和课程建设原则,结合我校"异美教育"课程理念,我们的英语课程内容围绕主题、语篇、语言知识、文化知识、语言技能和学习策略等方面展开,致力于提高儿童的综合语言运用能力,从"异美语音""异美表达""异美文化""异美秀场"和"异美实践"等方面出发,形成英语学科"异美英语"课程框架。

各板块课程具体表述如下:

"异美语音"主要指儿童学会根据意群、语调等语音方面的变化,感知说话人所表达的含义,从而运用语音知识更好地表达自己的意图和态度。儿童通过参与不同的学习活动,以语音为基础,通过拼读和阅读活动,掌握词汇、语法以及常见话题等英语语言的基础知识,感知英语语言之美,为培养英语的语言运用能力奠定基础。

---

① 中华人民共和国教育部.义务教育英语课程标准(2022年版)[S].北京:北京师范大学出版社,2022:12.

图 3-1 郑州市管城回族区东关小学"异美英语"学科课程框架图

"异美表达"主要通过"魔力耳朵""启蒙对话"等活动,让儿童喜欢英语学习,乐于表达,形成语言综合运用能力,为真实语言交际打基础。

"异美文化"是儿童语言学习的重要内容,是增强祖国意识的重要途径。文化知识的学习不仅包括了解和识记具体的知识点,还要发现并判断其背后的价值观。"异美文化"主要通过了解英语国家的历史地理、风土人情、生活和行为方式等,了解中西方文化的不同,进一步加深对中国传统文化的认识与热爱,培养国际意识。

"异美秀场"通过"故事演绎""魅力模联"等活动,体验不同的情感态度,提高儿童兴趣、动机、自信、意志和合作精神,形成良好的情感态度和价值观并逐渐形成祖国意识和国际视野,养成健康向上的品格。

"异美实践"通过"小书法家""才艺比拼"等活动,帮助儿童学习和有效运用学习策略,调动儿童自主学习的积极性,提高语言综合运用能力,为终身可持续学习奠定基础。

二、学科课程设置

"异美英语"是针对学校的实际情况设立的,所有课程都是根据各年级儿童的学情,通过螺旋上升的方式,从五个维度,由易到难,循序渐进制定出来的。具体课程设置见表3-2。

表3-2　管城回族区东关小学"异美英语"课程框架表

课程 年级	异美语音	异美表达	异美文化	异美秀场	异美实践
三年级上	初识字母	魔力耳朵	彬彬有礼	动感字母	创意拼摆
三年级下	自然拼读	启蒙对话	国旗奥秘	童林故事	小书法家
四年级上	音标认读	绘本阅读	赛事赏析	歌声飞扬	我爱单词
四年级下	趣味故事	情景剧场	玩转英语	配音秀场	美食之旅
五年级上	语音模仿	语法精灵	节日交汇	故事演绎	英语画报
五年级下	原音重现	句型创新	节日背后	情景在线	穿越国家
六年级上	影视剧场	神奇话题	环球旅行	环球影城	礼仪体验
六年级下	文学赏读	故事创编	环球旅行	魅力模联	小小讲堂

顶层设计决定具体规划。"异美英语"课程群恰似一个圆。"异美语音""异美表达""异美文化""异美秀场"和"异美实践"相互渗透,彼此联系,每一个儿童徜徉其间,不断完善语言运用能力,了解文化差异,渐渐拥有了与世界沟通的能力。今日我们了解世界的不同,明天我们将走向世界宣扬祖国的文化。

三、学科课程内容

依据"异美英语"分年级课程设置,英语教研组对"异美英语"各年级课程制定了具体的学习目标,要点见表3-3。

表 3-3 管城回族区东关小学"异美英语"课程内容表

年级/学期		课程名称	学 习 目 标	内 容 要 点
三年级	上学期	初识字母	通过认识字母,激发学习英语的兴趣和热情。	学习 26 个字母的字母韵律操和发音。
		魔力耳朵	1. 听懂图片和动作的提示,并做出适当的反应。 2. 激发学习兴趣。	1. 简单问候语的学习。 2. 听音排序。 3. 单词对对碰。
		彬彬有礼	了解英语中最简单的称谓语、问候语和告别语。	设置交流情境,在特定环境中交流。
		动感字母	通过字母操的展示,激发学习英语的热情,体会到学习英语的乐趣。	字母韵律操大比拼。
		创意拼摆	1. 加强字母记忆。 2. 增加英语学习的趣味性。 3. 发挥想象力,培养动手能力。	借助生活中的各种素材,拼出字母。
	下学期	自然拼读	见词能读,听音能写。	跟随歌谣学习元音字母的简单拼读规则。
		启蒙对话	1. 能够相互交流简单的个人信息。 2. 根据图、文说出单词或句子。	1. 闪卡游戏。 2. 演一演、猜一猜。 3. 小组合作交流活动。
		国旗奥秘	了解并掌握主要英语国家的首都及其国旗。	学习并辨认英语国家国旗和代表建筑物。
		童林故事	理解故事内容,正确朗读并表演故事,敢于开口,表达中不怕出错误。	阅读主题故事。
		小书法家	1. 掌握书写规律。 2. 培养规范书写习惯。 3. 能正确书写字母和单词。	1. 在四线三格上默写英语字母的大小写。 2. 在四线三格上抄写单词和短语。 3. 在四线三格上抄写句子。

年级/学期		课程名称	学 习 目 标	内 容 要 点
四年级	上学期	音标认读	学习字母在单词中的发音规则，练习字母的发音规律。	将单词和字母组合进行拆音、组合、拼音等。
		绘本阅读	1.能在图片的帮助下读懂简单的小故事。 2.进一步理解绘本内容，增强阅读兴趣。	1.英文绘本阅读。 2.绘本手抄报。
		赛事赏析	了解主要英语国家的体育文化活动。	学习赛事规则，并举行校园体育竞赛。
		歌声飞扬	乐于感知并积极尝试使用英语。	主题式英文歌曲的学习及演唱。
		我爱单词	加强词汇学习，掌握词汇学习的方法。	单词接龙。
	下学期	趣味故事	增加语言输入，了解不同语境中的语言形式。	阅读选编的趣味故事和情景中的日常对话。
		情景剧场	1.提高表达能力。 2.能做简单的角色表演。	1.有趣的朗读比赛。 2.英语大咖秀。
		玩转英语	了解不同的文化，提高英语兴趣，丰富课余生活。	英语角和英语秀。
		配音秀场	积极参与各种课堂学习活动，通过模仿动画人物原音，使语音、语调更加地道。	英语趣配音。
		美食之旅	了解并掌握英语国家中典型的食物和饮料的英语名称。	简单烹饪英语国家有代表性的食物并品尝。
五年级	上学期	语音模仿	感知正确的语音、语调，使语音、语调更加准确。	跟读录音，进行英语的趣味配音。
		语法精灵	1.在具体的语境中理解语法项目的意义和用法。 2.通过课堂中的语法讲解，能够理解、掌握、运用语法。	1.感受语法魅力。 2.设计思维导图。

年级/学期		课程名称	学　习　目　标	内　容　要　点
五年级	上学期	节日交汇	了解英语国家中重要的节假日，并能初步体会到中外节日文化异同。	观看中外重要节日活动相关视频，并体验节日文化。
		故事演绎	积极参与不同的学习活动，在相对真实、完整的语境中接触并理解语言。	主题式故事的朗读表演。
		英语画报	培养动手能力和创造性思维，积累英语知识，提高英语素养。	以生活话题和单元话题为主题进行主题绘画。
	下学期	原音重现	通过模仿原汁原味的发音，培养正确的语音、语调等。	角色扮演进行原音重现，模仿人物角色。
		句型创新	1. 能根据图片、词语或例句的提示，写出简短的语句。 2. 在学习句型的过程中，不断创新，从而可以写出新的句型。	1. 句子接龙。 2. "句子改写"我最棒。
		节日背后	了解英语国家中重要的节假日产生的文化，体会到中外节日文化异同。	模拟举行中外重要节日活动并体验节日文化。
		情景在线	在小组活动中能与其他同学积极合作，能够运用所学句型在情景中恰当演绎。	主题式情景表演。
		穿越国家	了解主要英语国家的重要标志物，如英国的大本钟等。	模拟参观主要英语国家，了解各个国家标志物。
六年级	上学期	影视剧场	理解问候、告别、邀请等交际功能的基本英语表达形式。	观看原汁原味的英文影视资料，运用不同的形式改编对话并表演。
		神奇话题	1. 通过整合进行表演，对主要话题及相关词汇、句型在实际中的运用更自然。 2. 充分发挥想象，对感兴趣的话题进行多方位、多角度的思考，并给出独特见解。	异美演说家。

年级/学期		课程名称	学 习 目 标	内 容 要 点
六年级	上学期	环球旅行	在学习和日常交际中,深入体会中外文化异同。	模拟旅行主要英语国家,了解中外文化异同。
		环球影城	增强爱国意识,激发学习英语的热情。	英美影视的鉴赏学习。
		礼仪体验	知道主要英语国家中的礼仪文化,如人际交往礼仪等。	学习西方人际交往礼仪并和同学们交流实践。
	下学期	文学赏读	能理解和表达数字、天气、食品、节日等不同话题的简单信息。	阅读不同话题的英语文本,从个人兴趣出发,分小组阅读和讨论,进行阅读汇报。
		故事创编	1. 能根据图片以及提示创编故事。 2. 提高语言表达、运用能力以及写作能力。	1. 我是小作家。 2. 故事再现。
		环球旅行	在学习和日常交际中,深入理解中外文化异同。	模拟旅行主要英语国家,了解中外文化异同。
		魅力模联	通过模拟联合国的活动,体验中西方文化不同。	学习联合国活动的相关知识。
		小小讲堂	1. 突出主体地位,激发参与意识。 2. 锻炼思维创造能力和表达能力,展现主动学习成效,提升自信心。	1. 以课本单元话题为主题研究演讲。 2. 趣味词汇讲解。

"异美英语"课程在完成学科课程总体目标的基础上,通过不同的主题活动情境,为儿童展现了斑斓的英语画卷,让儿童了解到文化差异,促进了儿童的成长,让他们渐渐拥有了与世界沟通的能力。

第四节　真实体验　落实语言探索

《义务教育英语课程标准(2022年版)》指出:"教学评价有助于学生不断体验英语学习的进步和成功,更加全面地认识自我、发现自我,保持并提高英语学习的兴趣和自信心。"①综合性英语学科课程的学习,应体现人文性、工具性、基础性、实践性和综合性的特征。基于此,学校开展了乐学、善学的英语课堂活动,开发了螺旋上升的课程体系,通过构建"异美课堂"、弘扬"异美风采"、推进"异美社团"、举办"异美赛事"、实施"异美实践"等途径,促成"异美英语"课程群的全面实施。

一、构建"异美课堂",夯实英语基础

注重培养儿童的英语实践运用能力,突出英语的实践性,探索并创造出新的教学方式,进而达到促进儿童"心""智"发展的目的。鉴于此,我们提出构建"异美课堂"。

(一)"异美课堂"的内涵与实施

"异美课堂"目标明确,内容丰富,强调学习过程,面向全体儿童,并注重过程性评价。

1.目标明确。课堂教学目标的设定要明确具体且可检测。"异美课堂"即用富有创造力的教育教学方式,唤醒儿童的情感体验,让儿童快乐学习,体验享受真正有所获的英语课堂。

2.强调学习过程。英语是一门运用性很强的学科,"异美课堂"注重儿童积极主动学习和参与课堂活动以及儿童探究新知的过程。

3.面向全体儿童。"异美课堂"以儿童为主体,努力使每个儿童都能得到相应的目标要求,从而完成学习任务。在课堂教学过程中始终以儿童为主体,注重其

---

① 中华人民共和国教育部.义务教育英语课程标准(20221年版)[S].北京:北京师范大学出版社,2022:53.

差异性,做到因材施教,从而激发全体儿童的学习兴趣,促进儿童全面发展。

4. 注重过程性评价。"异美课堂"探索促进儿童发展的多种评价方式,多元化的评价方式能够激励儿童的积极主动性。

总之,"异美课堂"以儿童为主体,突出英语学习的实践性,面向全体儿童,达到促进儿童"心""智"发展的目的,从而进一步体现英语学科的人文精神。

构建"异美课堂",让英语学习变得更加丰富且有趣味性,让儿童爱上英语学习,需从多方面组织并实施。

加强导学案研磨,共享教学资源。团体的力量无穷大,英语教研组经常开展集体备课,不断修改教案,达到资源共享。教研组以"异美课堂"为核心,在实践过程中不断提高课堂品质。

根据儿童年龄特点,开展丰富多彩的课堂活动。组织单词对对碰、闪卡游戏、英语大咖秀、异美演说家等趣味性活动,推进"异美课堂",进一步提高儿童的学习兴趣。

(二)"异美课堂"的评价标准

在英语新课标中,强调儿童认知、能力、情感、个性的综合发展,因此,"异美阅读"的评价方式是多样化的:评价主体多样化、评价功能多样化、评价内容多样化以及评价方式多样化。基于此,我们对"异美课堂"活动设置合理性的评价,见表3-4。

表3-4　管城回族区东关小学"异美课堂"评价量表

评 价 项 目	评 价 标 准	得 分
目标明确(20分)	1. 目标紧扣主题,基于学科素养和课程标准,适合学情、校情,具体明确,可操作性强。 2. 结构清晰且有新意。 3. 评价具体。	
强调学习过程(20分)	1. 注重语言学习的实践性和应用性。 2. 突出主体地位。 3. 体现语言运用。 4. 提升核心素养。 5. 体现文化意识。	

评 价 项 目	评 价 标 准	得　分
面向全体儿童(20分)	1. 关注个体差异。 2. 注重分层教学。	
注重过程评价(20分)	1. 突出合作学习。 2. 关注思维品质的提升。 3. 用英语解决实际的问题。	
综合表现(20分)	1. 表现力强,有较好的台风且有生动的肢体语言。 2. 充满自信且能感染全场。 3. 教学效果突出。	

二、昂扬"异美风采",尽显多样魅力

"异美风采"旨在激发儿童对英语学习的兴趣,促进对中外文化的理解和对优秀文学的鉴赏,了解中国的传统文化,展示自我风采,增强民族自豪感,提升英语表达的自信心。

(一)"异美风采"的创建与实施

"异美风采"作为儿童风采的展示,在开展的过程中以班级为单位,分为书法风采、演唱风采、阅读风采、演讲风采等形式。题材不限,学生可以自行选择风采展示的形式,以英语为载体,内容要求积极阳光向上。"异美风采"的活动具体安排见表3-5。

表3-5　管城回族区东关小学"异美风采"活动安排表

年　级	活 动 名 称	活 动 内 容	组 织 实 施
三年级	小书法家	书写字母和单词。	通过各班的书法主题活动,评选出优秀书法作品,并进行年级展览,提高儿童的书写规范能力。

年 级	活动名称	活 动 内 容	组 织 实 施
四年级	歌声飞扬	英文童谣（可以选择书本上的英文童谣或经典童谣）。	1. 班级英文童谣大赛。 2. 年级英文童谣大赛。 3. 英文童谣展评。
五年级	故事演绎	介绍自己最喜欢的绘本。	1. 班级海选。 2. 年级英文阅读分享会。
六年级	小小讲堂	使用既定主题进行演讲练习。	1. 班级主题演讲。 2. 年级演讲比赛。 3. 年级小组辩论赛。

（二）"异美风采"的评价标准

比赛分为初赛、复赛、风采展演,评委老师为英语组全体老师。首先以班级为单位,在班级内进行初选,班级的优秀作品在年级中进行选拔,最后汇集优秀的入选作品进行全校展演。

风采展示以鼓励激发儿童的自信心为主,坚持评价维度的多样化,从节日的整体性进行活动的评价,实施过程中采取儿童评价和教师评价相结合的评价方式,将结果性评价与过程性相结合,具体评价见表3-6。

表3-6 管城回族区东关小学"异美风采"活动评价量表

评价维度	评 价 内 容	小组评价	教师评价	评价等级
内容形式 （20分）	展示内容积极向上,符合主题要求。			
	形式新颖,具有吸引力。			
语言表达 （20分）	发音准确清晰,语音和语调正确、优美。			
	语音、语调准确,重音完善,能够准确地表达情感。			

评价维度	评　价　内　容	小组评价	教师评价	评价等级
仪表姿态 （30分）	表情自然大方，自信心强。 完善精美的舞台服装。			
艺术表现 （30分）	动作自然，感情投入，感染力强。			

三、推进"异美社团"，丰富课余生活

（一）"异美社团"的内涵与实施

经过多方考虑，我们选择《柯林斯英语》绘本作为英语社团的主要教材，主要培养儿童英语阅读水平，从 Level 3 到 Level 5 分层次展开不同形式的绘本阅读，进行听、说、读、写的训练，最后让儿童切身感受到英语的自如运用以及英语语言带给自己的快乐，具体的"异美社团"课程设置见表3-7。

表3-7　管城回族区东关小学"异美社团"课程设置表

年　级	社团名称	课　程　内　容	组　织　实　施
三年级	柯林斯英语三级	通过学习丰富的绘本内容，了解百科知识，初步了解不同的文化。	通过预习和朗读绘本，初步培养儿童的阅读能力。
四年级	柯林斯英语四级	通过进一步的绘本阅读，感悟中外文化差异。	通过深度的分析、归纳和总结，进一步培养儿童的阅读能力。
五年级	柯林斯英语五级	通过了解文化差异，体会文化交融，增强文化自信。	通过社团课的进一步学习，儿童可以理解并且表演绘本内容，提高儿童的综合能力。
六年级	模拟联合国辩论社	借助模拟联合国的活动平台，学习模拟联合国活动的相关知识。	1. 年级选拔社员。 2. 辩论社主题辩论培训。 3. 参加"模拟联合国"的活动。

（二）"异美社团"的评价标准

结合我校"异美英语"课程群理念,开展以绘本教学为主的英语社团,激发儿童学习英语的兴趣。在题材内容上,贴合儿童的生活经验,体现趣味性;在智力经验方面,英语绘本可以培养儿童的文化意识,发展儿童的想象力,促进其情感表达;在语言发展方面,大多数英语绘本中都具有非常明显的重复性和层次性的特点,易于儿童的理解。英语绘本的上述特点,加上教师精彩的讲述,能刺激儿童的视觉、听觉,并引发其好奇心,增强其学习动机。具体评价标准见表 3-8。

表 3-8 管城回族区东关小学"异美社团"综合性评价量表

评价项目	评 价 标 准	得分
活动前: 方案与章程	1. 能够结合学校教学计划统筹安排社团活动,选取相关的绘本题材,切实提高英语语言表达能力。(5 分)	
	2. 每次活动前有计划,学期工作计划内容详实、具体,具有可操作性。(10 分)	
活动中: 活动与参与	1. 每次活动点名及时,社团名册记载详实。(5 分)	
	2. 社团活动内容丰富、形式多样,注重好奇心的激发。(10 分)	
	3. 明确学习的主体,调动学习的积极性。(5 分)	
	4. 儿童参与度较高,个人活动与团体互动充足。(10 分)	
	5. 活动现场卫生保持良好,物品摆放整齐。(5 分)	
活动后: 效果与宣传	1. 社团活动有总结和宣传,具有良好的效果,能产生一定的影响。(10 分)	
	2. 社团活动日常展示,每节课排演并表演绘本内容。期末能面向全校组织展示活动,社团成员积极参与、凸显团队力,能够达到预期活动效果,赢得学校师生的称赞。(30 分)	
	3. 活动后有相关记录(内容详实,包括课堂表现、作业内容等;形式多样,如文字、图片、视频等),每次活动有反思。(10 分)	

四、举办"异美赛事",提升素养水平

"异美赛事"以提升知识素养水平为目标,以发展核心素养为核心,涵盖听、说、读、写、用等各方面技能,旨在引导儿童形成积极向上的价值观,帮助儿童成长为热爱学习、勇于创新与挑战的优秀人才。

(一)"异美赛事"的活动实施

"异美赛事"的活动主题有:字母大闯关,小小书法家,声临其境,魅力模联等。首先在班级内进行初赛选拔,再以班级小组为单位进行复赛,闯关成功即进入决赛。比赛分为初赛、复赛、决赛,初赛评委老师为班级负责老师,复赛及决赛评委由全体英语老师及学校领导担任。比赛结束,根据评价等级设置一、二、三等奖,具体实施内容见表3-9。

表3-9 管城回族区东关小学"异美赛事"实施内容表

	上 学 期	下 学 期
三年级	动感字母	小小书法家
	参考赛事:字母迷宫、字母消消乐、听音辨字母。	参考赛事:趣味书法、单词搭配小能手
四年级	我爱单词	玩转英语
	参考赛事:单词小火车、单词传话筒	参考赛事:看图猜单词、看图猜句子
五年级	语法精灵	原音重现
	参考赛事:语法战队、火眼金睛找不同(there be 句型)	参考赛事:英语趣配音、英语魔方秀
六年级	以言表象	魅力模联
	参考赛事:故事续写、故事新编	参考赛事:英语辩论赛、定题演讲

(二)"异美赛事"的评价标准

"异美赛事"活动注重全方面能力的培养和英语核心素养的提升,故而采用多维度评价方式,全面客观地考查英语素养能力(见表3-10)。

表 3-10 管城回族区东关小学"异美赛事"活动评价量表

评价维度	评价内容	评价等级		
		优秀	良好	合格
仪表形象	举止大方得体,仪态仪表端正,精神饱满,衣着整洁。			
语音语调	发音标准,语调自然,口齿清晰,无明显语法错误,有较强语言功底。			
内容表达	语言流利,紧扣主题,充实生动,积极向上。			
临场表现	临场表现自然大方,能轻松应答,充分展现个人能力。			
综合印象	由评委根据参赛选手的临场表现做出整体评价。			

五、实施"异美实践",提升文明素养

(一)"异美实践"的内涵与实施

"异美实践"主要包括创意拼摆、美食之旅、穿越国家、礼仪体验等活动。借助不同的实践主题,让儿童参与到不同的英语实践活动中,尝试运用所学的语言解决问题,体会英语学习的乐趣和文化差异,体现儿童在学习语言过程中的主体地位。

1. 创意拼摆,借助生活中的各种材料,摆拼字母,加深字母记忆,增加英语学习的趣味性,发挥想象力,培养动手能力。

2. 美食之旅,通过了解英语国家的烹饪方法和品尝相关食品,了解英语国家中典型的食品和饮料的英语名称。

3. 穿越国家,通过模拟参观主要英语国家,了解英语国家的重要标志,如英国的大本钟等。

4. 礼仪体验,通过学习西方人际交往礼仪并交流实践,知道主要英语国家中的礼仪文化。

为了提高英语学习的积极性,培养实际交流应用能力,丰富课余文化生活,达到学以致用的目的,营造浓厚的学习氛围,激发实践能力,动手能力和创造性思

维,从而积累英语知识,提高英语素养,拓展儿童的国际视野,培养写作能力,促进综合素养的提升,我校英语组全体成员精心打造贴近生活实际、符合年龄特征和身心发展规律的课程活动,并制定了相关的管理制度,确保课程的顺利实施。

（二）"异美实践"的评价标准

"异美实践"评价是促进全面发展,改进教师教学,提升英语教学质量的重要环节。"异美实践"从教学内容、课堂效果、能力培养、思维品质四个维度进行评价,具体评价标准见表3-11。

表3-11 管城回族区东关小学"异美实践"综合性评价量表

评价类别	评 价 标 准	评 价 结 果			
		优秀	良好	合格	不合格
教学内容	1. 内容正确,容量适中,符合学情,满足学习需求。 2. 课程内容丰富、生动、有趣,富有知识性与趣味性,达到启发思维的目的。				
课堂效果	1. 有良好的课堂秩序,能在课堂中收获知识,培养良好的学习习惯。 2. 激发听、说、读、写的兴趣,创设和谐生动的课堂氛围,收获愉快的学习体验。				
能力培养	1. 培养乐于思考、坚持不懈、克服困难的能力。 2. 在活动中能自主探究、团队合作。				
思维品质	1. 在课程学习中了解多元的文化背景,增强全球化发展意识。 2. 了解差异,尊重差异,培养博大开放的胸怀,提升民族自豪感。				

总之,"异美英语"是通过全体英语教师不断推敲、研究而最终确定的课程,是工具性与人文性有效融合的课程,是力求形成自主学习、合作探究、实践操作、人文渗透的创新课程。我们共同追求的,是在"异美英语"的引领下,儿童走进英语多维度的学习世界,在轻松愉悦的氛围中体验英语学习的乐趣,感悟中外文化的差异之美,坚定文化自信。

（撰稿者：张斐斐　张华　马文君　韩亚琪　王慧萍　周碧瑶）

第四章
关联性：在情境体验中探寻言语关系

    风趣幽默的语言情境，缩短了课堂中师生的距离；丰富有趣的游戏情境，提升了课堂中的学习效果；生动形象的学习情境，丰富了课堂中的情感体验。在各式各样的学习情境中，新的问题不断生发，引发新的思考。在学习的过程中，言语关系体现在情境体验中，学习兴趣、学习内容与个人经历之间建立有意义的联系，个人在学习中激活并关联已有认知，在不同的情境中探寻语言的关联，最终在不同主题情境中真正理解语言。

郑州市管城回族区港湾路小学英语教研组是一个富有活力、充满朝气、团结向上、业务精湛的团队。港湾路小学从三年级开始开设英语课程，现有 10 位英语教师。学校依据《义务教育英语课程标准(2022 年版)》，推进英语学科课程群建设，取得了可喜的成效。

第一节　缤纷课程　演绎语言魅力

一、学科性质

《义务教育英语课程标准(2022年版)》指出:"义务教育英语课程体现工具性和人文性的统一,具有基础性、实践性和综合性特征。学习和运用英语有助于学生了解不同文化,比较文化异同,汲取文化精华,逐步形成跨文化沟通与交流的意识和能力,学会客观、理性看待世界,树立国际视野,涵养家国情怀,坚定文化自信,形成正确的世界观、人生观和价值观,为学生终身学习、适应未来社会发展奠定基础。"①

基于此,学校对教学情境、学科知识与技能等方面进行规划设计,力求给儿童营造一个轻松愉快的学习氛围,让儿童乐于学习、积极学习,在学习中开阔视野,丰富思维方式,掌握基础知识和基本技能,形成良好的品格和人文素养,逐步发展英语学科核心素养。

二、学科课程理念

依据《义务教育英语课程标准(2022年版)》,结合学校实际情况,英语课程主要培养儿童的综合语言运用能力,发展儿童的语言技能、语言知识、情感态度、学习策略、文化意识。我们通过建构灵活多样的英语课堂,开展丰富多彩的英语实践活动,组织专业深入的英语教研活动,研讨并提出"灵动英语"的学科课程主张。

---

① 中华人民共和国教育部.义务教育英语课程标准(2022年版)[S].北京:北京师范大学出版社,2022:1.

第二节　聚焦关联　启发多向思维

　　基于核心素养对儿童不同维度的要求,我们的英语课程从语言技能、语言知识、情感态度、学习策略和文化意识五个方面出发,使儿童掌握基础知识和基本技能,逐步发展英语学科核心素养,培养初步的综合语言运用能力。

一、学科课程总体目标

　　依据《义务教育英语课程标准(2022年版)》,我们从语言能力、文化意识、思维品质、学习能力等四个方面来设定"灵动英语"学科课程总体目标。

　　语言能力:语言能力包括听、说、读、写等方面的技能。听和读是理解的技能,说和写是表达的技能。通过大量的专项和综合性语言实践活动,形成综合语言运用能力,为真实语言交际打基础。

　　文化意识:知道英语中最简单的称谓语、问候语和告别语;对一般的赞扬、请求、道歉等做出适当的反应;知道世界上主要的文娱和体育活动;知道英语国家中典型的食品和饮料的名称;知道主要英语国家的首都和国旗;了解主要英语国家的重要标志物,如英国的大本钟等;了解英语国家中重要的节假日;在学习和日常交际中,能初步注意到中外文化异同。

　　思维品质:通过听、说、读、看、写等活动,学会发现问题、分析问题、解决问题,提高创新能力,能够对事物作出正确的价值判断。

　　学习能力:积极与他人合作,共同完成学习任务;遇到问题主动向老师或同学请教;会制订简单的英语学习计划;对所学内容能主动复习和归纳;在词语与相应事物之间建立联想;在学习中集中注意力;在课堂交流中,注意倾听,积极思考;尝试阅读英语故事及其他英语课外读物;积极运用所学英语进行表达和交流;注意观察生活或媒体中使用的简单英语;能初步借助简单的工具书学习英语。

二、学科课程年段目标

在"灵动英语"课程总目标的基础上,结合《义务教育教科书英语(PEP)(三年级起点)》与《义务教育教科书教师教学用书》,根据各年级儿童不同特点,我们制定了年段课程目标,以五年级为例(见表4-1)。

表4-1 管城回族区港湾路小学"灵动英语"五年级课程目标表

年级	课　程　目　标	
	上　学　期	下　学　期
五年级	**第 一 单 元** 1. 通过在情境中运用四会句型,询问并回答某人的性格或外貌特征相关的问题。能树立正确的审美观,避免以貌取人。 2. 能够在教师的帮助下进行 be 动词与人称代词的搭配总结,学会正确搭配。 3. 能够用一段话来描写自己的老师。 **第 二 单 元** 1. 通过理解对话大意,在情境中运用句型,询问并回答某天的课程安排,能进一步懂得珍惜时间的重要性,既能抓紧校内时间学习,又能学会合理利用周末。 2. 能够听、说、读、写四会单词和词组,并在教师的帮助下总结简单的英语构词法,学会利用构词法记忆单词。 3. 能够制作自己的英语课程表和一周学习计划。 **第 三 单 元** 1. 通过在情景中运用四会句型,询问并回答某人想要吃什么、喝什么或者询问并回答最喜欢的食物或饮品,能保持健康的饮食习惯,坚持绿色生活。 2. 能够在模拟点餐对话时正确运用四会单词,并能在有意义的语境中运用	**第 一 单 元** 1. 通过在情境中运用四会句型,询问并回答某人的日常作息与周末安排,激发热爱学习、热爱生活的美好情感。 2. 能够掌握四会词组,在语境中正确运用这些词组询问,并回答关于日常作息和周末安排的问题、描述日常活动与周末安排。 3. 学会制作我的作息时间表和我的周末活动计划。 4. 了解古怪的西班牙作息时间。 **第 二 单 元** 1. 通过在情境中运用四会句型,询问并回答对季节的喜好,并简单陈述喜欢某个季节的理由。 2. 能够听、说、读、写五个四会单词和四个词组,并使用上述单词和词组描述四季及其典型活动;学会描写最喜欢的季节及理由。 3. 了解关于季节的英文诗歌。 **第 三 单 元** 1. 通过在情景中运用四会句型,询问并回答有关学校活动举行的月份的内容,了解校历上一年 12 个月中丰富多彩的活动。 2. 能够听、说、读、写 12 个月份的单词,并在语境中正确运用。

續　表

年級	課　程　目　標	
	上　學　期	下　學　期
五年級	上述单词描述食物或饮品的味道及其他特征,能了解中西方饮食方面的差异。 3. 学会说出自己喜欢的食物及理由。 **第 四 单 元** 1. 能够理解对话大意,按照正确的意群及语音、语调朗读对话,同时在情境中运用四会句型。询问某人能否做某事并作答;学会介绍自己能做的事情。 2. 能够听、说、读、写四会单词和词组,了解琵琶、武术、乒乓球等有中国特色文娱活动;了解中国其他特色文娱活动。 **第 五 单 元** 1. 能够理解对话大意,通过运用四会句型描述某处有某物,从而使儿童养成及时整理个人物品的习惯。 2. 能够听、说、读、写十个四会单词,在教师的帮助下总结 there be 结构与名词单复数的搭配规律,并能正确运用这一结构。 3. 学会运用 there be 句型描写自己的房间。 **第 六 单 元** 1. 能够在情境中运用四会句型询问某处是否有某物并回答,并在教师的帮助下总结 there be 结构疑问句的用法,且能正确运用这一结构。 2. 能够听、说、读、写四会单词,并使用单词介绍自然公园的情况。 3. 学会运用 there be 句型的一般疑问句形式讨论周围公园的设施。	3. 学会表达中国传统节日时间;了解传统节日的习俗。 **第 四 单 元** 1. 通过在情景中运用四会句型,询问并回答某节日的日期,了解中西方重要节日的日期。 2. 能够听、说、读、写四会单词,根据 th 的发音规则拼读、拼写单词,在语境中正确运用上述日期的序数词。 3. 学会制作家人的生日表。 **第 五 单 元** 1. 能够在情景中运用四会句型询问和回答某物属于某人和询问并回答某人正在做某事。 2. 能够听、说、读、写四会单词,并在语境中正确使用上述六个名词性物主代词和六个动词现在分词形式。学会给代词分类;同时在教师的帮助下总结名词性物主代词的规律,完成相应练习。 2. 养成爱护动物的意识。了解并搜集含有动物的谚语。 **第 六 单 元** 1. 能够在情境中运用四会句型询问并回答某人是否正在做某事和行为规范,使儿童注意遵守行为规范和学校校规。 2. 能够听、说、读、写四会单词和短语,描述某人正在做的事和行为规范,并在教师的帮助下总结动词现在分词的结构和用法,完成相应练习。 3. 学会用英语表述学校校规。

第三节　创设情境　加强学科关联

为了实现上述学科课程目标,我们建构了"灵动英语"学科课程,设置了丰富多彩的课程内容。

一、学科课程结构

《义务教育英语课程标准(2022年版)》指出:"核心素养是课程育人价值的集中体现,是学生通过课程学习逐步形成的适应个人终身发展和社会发展需要的正确价值观、必备品格和关键能力。英语课程要培养的学生核心素养包括语言能力、文化意识、思维品质和学习能力等方面。语言能力是核心素养的基础要素,文化意识体现核心素养的价值取向,思维品质反映核心素养的心智特征,学习能力是核心素养发展的关键要素。核心素养的四个方面相互渗透,融合互动,协同发

图4-1　管城回族区港湾路小学"灵动英语"课程结构图

展。"①基于此,我校"灵动英语"课程包含"灵动视听""灵动说唱""灵动读写""灵动表演"四大板块。

各板块课程内容如下:

"灵动视听"通过趣听儿歌、趣看动画、英语电影赏析等课程激发儿童学习英语的兴趣和表演热情,帮助儿童了解世界文化。

"灵动说唱"以说和唱为基础,引导儿童会说会唱,通过儿歌我来唱等多样化的课程形式,让儿童敢于展示风采,同伙伴一起分享学习英语的乐趣,树立英语口语交流的意识,逐步形成英语语言综合运用的能力。

"灵动读写"主要是运用语言文字进行表达和交流,儿童能在四线三格内正确书写字母、单词、句子乃至语篇;能用所学词汇、语法和句型简单造句、回答问题、看图写话,培养儿童良好的书写习惯;同时通过阅读绘本、朗读比赛等活动培养儿童良好的阅读习惯。

"灵动表演"通过设置律动字母操、Cartoon show、Story time、故事我来演等课程让儿童动起来,通过跳动和表演的形式,进一步吸引儿童,帮助儿童树立自信心,培养儿童的英语语感。

二、学科课程设置

依据上述课程结构,我们设置了三至六年级的"灵动英语"课程(见表4-2)。

表4-2 管城回族区港湾路小学"灵动英语"课程设置表

学期	灵动视听	灵动说唱	灵动读写	灵动表演
三年级上期	畅游动物世界,观看 *Animal world*	歌唱比赛 字母我来唱 Talk show Colours in my life	阅读绘本 *From head to toe*	律动字母操

---

① 中华人民共和国教育部.义务教育英语课程标准(2022年版)[S].北京:北京师范大学出版社,2022:4.

学期	灵动视听	灵动说唱	灵动读写	灵动表演
三年级下期	电影片段欣赏 *Coco*	Talk show "Introduce myself"	阅读绘本 *Let's eat* 制作我的家谱树 (My family tree)	英语剧 *My family*
四年级上期	英语趣配音 *A special dinner*	Talk show "My schoolbag" Talk show "My friends"	手抄报展 My classroom 绘画展 My home	厨艺展 Make salad
四年级下期	英语趣配音 *The farm*	歌曲 *How is the weather?*	自制时间安排表 Make your timetable	小小导游 Little school guide 天气播报员 Weather reporter
五年级上期	影片欣赏 《郑州宣传片》英文版	演讲 *My favourite teacher* 演讲 *This is my room*	手抄报展 My week plan	英语课本配音 Story time 小型剧场 *I can I show*
五年级下期	纪录片欣赏《四季中国》英文版 创编歌曲 *Season*	Talk show "Our school calendar"	手抄报展 My favourite season 英语日历制作 I can do it	故事表演 Story time
六年级上期	英语趣配音 *It's my job*	自编歌曲 *Hush，little boy*	阅读 *Ways to go to school* 手抄报展 Traffic rules 海报展 Can you be my friend?	演讲 English stories

学期	灵 动 视 听	灵 动 说 唱	灵 动 读 写	灵 动 表 演
六年级下期	英语趣配音"星星太远了"电影片段欣赏《冰雪奇缘》(*Frozen*)	自编说唱*Busy weekend*	阅读同步教材*My travel diary*	英语剧*Little Red-Cap*、*The Three Little Pigs*

　　"灵动视听""灵动说唱""灵动读写""灵动表演"四个板块形式多样,不断激发和强化儿童的学习兴趣,使儿童在掌握一定的语言综合运用能力的同时进一步培养观察、记忆、思维、想象力和创新精神。

第四节　多彩舞台　成就灵动少年

《义务教育英语课程标准（2022 年版）》指出："教师要准确把握教、学、评在育人过程中的不同功能，树立'教—学—评'的整体育人观念……要注重三者相互依存、相互影响、相互促进，发挥协同育人功能。""教师要注重各教学要素相互关系的分析，设计并实施目标、活动、评价相统一的教学。明确教什么、为什么教、怎么教、怎么评等方面的内涵和要求，建立相互间的关联，体现以学定教、以教定评，使评价镶嵌于教学之中，成为教学的有机组成部分。"[1]

一、建构"灵动课堂"，有效实施英语课程

"灵动课堂"是指教师在课堂上不断地创设情境，设计丰富多彩的英语活动，让全部儿童积极参与课堂。

（一）"灵动课堂"的实施要求

"灵动课堂"要求各年级教师要不断挖掘课堂中的实施内容；定期开展灵动课堂评比，以评促研。因此，"灵动课堂"从以下三个方面实施：

首先，成立"灵动课堂"教研团队。每学期成立以教研组长为首的灵动教研团队，团队成员定期教研，学习《义务教育英语课程标准（2022 版）》，参考《义务教育教科书教师教学用书》，对照教材，准确把握各年级、各单元、各课时的教学目标，根据教学目标研讨出适合该年级的英语活动，并在课堂中认真实施，重视生成，在教研活动中反思活动效果，并不断成长。

其次，开发"灵动课堂"活动集锦。将丰富多彩的学习活动引入课堂，为儿童搭建展示的平台是"灵动课堂"的基本要求。学习活动具有鲜明的动态性，是训练

---

[1] 中华人民共和国教育部.义务教育英语课程标准（2022 年版）[S].北京：北京师范大学出版社，2022：51 - 52.

儿童英语听说读写技能的重要手段。各年级英语教师通过情境的创设、活动主题的设计、学习资源的提供，同时将自己每节课的教学活动设计内容记录下来，在学期末汇总成集，形成"灵动课堂"活动集锦。

最后，开展"灵动课堂"课例评比。通过对"灵动课堂"的研讨、实践，组织"灵动课堂"课例评比活动。课例评比主要依据课堂观察记录、观察小组从教师对教学目标把握、课堂活动设计、儿童参与度等不同的角度对课例进行记录、分析，让授课教师更清晰地认识到，"灵动课堂"真正的主人是儿童，让儿童在完成英语学习任务的同时激发进一步学习的兴趣，充分彰显其智慧。

（二）"灵动课堂"的评价要求

"灵动课堂"的评价要从教师专业成长、儿童长远发展的角度出发，对教师团队成长、"灵动课堂"实施、"灵动课堂"成果三个方面进行评价。一是要有教研团队关于"灵动课堂"的教研记录、发言材料等；二是要有各年级的"灵动课堂"、学期活动集锦；三是要有针对"灵动课堂"的观察记录及分析。

二、建设"灵动课程"，丰富英语课程内容

"灵动课程"以拓展阅读为主要形式，通过丰富的英语阅读实践，促进儿童语言学习能力、思维品质、情感态度和价值观的发展。

（一）"灵动课程"实施要求

"灵动课程"根据儿童年龄特点和认知思维水平，选择分级读物。教师根据年级的不同，推荐阅读书目，制定年级读书目标，儿童根据自身情况制作读书计划表和记录表。教师在每周的拓展阅读课上，对儿童的阅读进行指导和总结。

（二）"灵动课程"的评价方式

"灵动课程"的评价方式以形成性评价为主。评价通过角色扮演、故事创编和故事表演等活动，从语言技能、语言知识、情感态度和学习策略四个方面来衡量儿童的学习效果（见表4-3）。

表4-3 管城回族区港湾路小学"灵动课程"评价表

评 价 内 容		自 评			互 评		
		★★★	★★	★	★★★	★★	★
语言技能	1. 能够读懂本次故事或短文。 2. 能够正确朗读本次故事或短文。						
语言知识	1. 能够理解本次故事或短文中的主要语法知识。 2. 能够理解运用本次故事或短文中的表达形式。						
情感态度	1. 在小组活动中,能与其他同学积极配合和合作。 2. 遇到困难时能大胆求助。 3. 在表演中敢于开口,表演时不怕出错。						
学习策略	1. 积极与他人合作,共同完成学习任务。 2. 积极运用所学英语进行表达和交流。						

三、推行"灵动英语角",拓宽英语实用功能

"灵动英语角"是由学校根据儿童年龄特点和学科教学内容组织儿童在校园英语角进行面对面交流的活动。它能帮助儿童在实际生活中拓展视野、丰富知识,增加对英语语言实际应用的体验,同时促进课本知识和生活经验的深度融合。

(一)"灵动英语角"的实施要求

为了增加英语口语交流的机会,将英语运用到实际生活当中,我们推行"灵动英语角",以激发儿童学习英语的兴趣,巩固和提升儿童的综合语言运用能力。根据教学内容,"灵动英语角"每周设置一个主题,儿童运用所学单词、核心句型进行交流和表达。

(二)"灵动英语角"的评价方式

"灵动英语角"的评价方式包括形成性评价和终结性评价。形成性评价采用

积分卡的形式,儿童通过累计积分卡换取相应奖励。终结性评价以口语测试的形式考查儿童在"灵动英语角"中的语言运用能力。

四、开展"灵动节日",促进文化习得

"灵动节日"将"灵动英语"课程与中国传统文化节日和校园文化节日相结合,使儿童了解中国传统文化,营造浓厚的校园文化氛围,增强儿童的文化意识,拓展儿童的文化视野,培养儿童的民族自豪感和爱国情怀。节日对于儿童有着很强的吸引力,我们希望通过"灵动节日"这种充满仪式感的方式,促进儿童全面发展,为儿童提供展示自己和发挥创造力的机会,带给儿童丰富的英语学习体验,留下美好的回忆,丰富儿童的精神世界。

(一)"灵动节日"的活动设计

首先,"灵动节日"的活动设计主题要积极向上,体现中国传统文化,贴合儿童认知和实际生活。其次,"灵动节日"的活动设计形式应多样化,让儿童通过多种形式体验学习英语的乐趣。再次,"灵动节日"的活动策划要以儿童为主,充分体现儿童的主体性。基于此,我们创建了"灵动节日"课程表(见表4-4)。

表4-4 管城回族区港湾路小学"灵动节日"课程表

时　间	文化节日	灵动节日	课　程　内　容
1月	元旦	狂欢节	New Year's Party 新年狂欢派对
2月	春节、元宵节	绘画节	Colorful Spring Festival 英文绘画展:缤纷春节
3月	植树节	摄影节	Beautiful Scenery 最美丽的风景
4月	诗歌节	诗歌节	Readers 诗歌朗读:我最喜欢的一首诗歌
5月	端午节	美食节	Make Zongzi together 美食文化:粽子

时　间	文 化 节 日	灵 动 节 日	课 程 内 容
6 月	儿童节	才艺节	Super kids 才艺展示：才艺秀
9 月	中秋节	故事节	Stories of the moon 故事表演《月亮的故事》
10 月	国庆节	音乐节	I love you, China 英文歌曲比赛《我爱你中国》
12 月	冬至	美食节	Make dumplings 美食文化：饺子

（二）"灵动节日"的评价方式

学校对"灵动节日"活动主题、内容、形式、过程和效果等方面设置评价标准。例如，是否充分体现我国传统文化或中西方文化相结合；活动内容是否积极向上，具有感染力；在活动进行的过程中，儿童是否积极主动参与以及在活动后儿童是否有所收获等（见表 4 - 5）。

表 4 - 5　管城回族区港湾路小学"灵动节日"评价表

项目	评 价 标 准	等级 （优秀/良好/及格）	建　议
主题	充分体现中国传统文化。积极向上，时代感强。		
内容	1. 活动内容丰富多样，符合各年级儿童的年龄特点。 2. 结合儿童的实际生活和所学知识，使儿童充分展示自己的知识才能。		
形式	1. 活动形式多样化，具有吸引力。 2. 环境创设真实有趣，充分体现节日主题。 3. 有利于儿童充分展示自己才能。		

项目	评　价　标　准	等级 (优秀/良好/及格)	建　议
过程	1. 儿童参与程度高,态度积极,充分体现主体性。 2. 教师指导有方,活动进行有条不紊。		
效果	1. 儿童积极参与,激发儿童强烈文化意识和爱国情怀。 2. 激发儿童对英语学习的兴趣,儿童视野得到拓展。 3. 儿童爱上灵动英语。		

"灵动节日"通过多个方面的评价,帮助教师全方位了解儿童在活动中的学习效果,从而更好地改进和提升活动内容。

五、创设"灵动社团",培养英语兴趣特长

"灵动社团"是为了培养儿童学习英语的兴趣,激发儿童学习英语的积极性,丰富儿童的课余生活而开展的活动。"灵动社团"的开展为儿童创造了良好的语言运用环境,为儿童提供大量的语言交际机会。"灵动社团"以各种活动的开展作为载体,为儿童提供更多学以致用的机会,从而更好地使儿童进一步体会英语学习的快乐,激发儿童学习英语的兴趣,发展儿童的个性,培养儿童的综合语言运用能力。

(一)"灵动社团"的实施要求

"灵动社团"根据不同的年级设置了英语童谣社团、故事表演社团、小小演说家社团、趣味配音社团等。学校会在每周四下午两节课后开展多种多样、丰富多彩的活动,充分利用社团途径,让儿童在灵动社团中尽情释放自己的语言能力,激发儿童学习英语的兴趣,培养儿童综合语言运用的能力。

英语童谣社团主要针对三、四年级的儿童。在课本的基础上,我们带领儿童进行拓展,学习更多的英语童谣,让他们在有趣的社团活动中提高自己的英语能力。

故事表演社团面向所有年级开设,我们把课本当中的故事编演出来,也可以自己创编故事进行表演,高年级的儿童还可以根据舞台剧本表演。

小小演说家社团主要针对五、六年级的儿童。我们根据课本的内容设置不同的主题,让儿童自己准备、自己展示、自己评价,以此培养儿童自主学习的能力,并提高学习英语的积极性。

趣味配音社团面向所有年级开设。我们利用英语趣配音等软件结合所学内容让儿童选择自己喜欢的内容或素材进行语音训练。这样的活动能更好地建立儿童的自信心。

(二)"灵动社团"的评价方式

"灵动社团"的主要目的是培养儿童的综合语言运用能力。在评价的过程中,我们要从社团管理、社团活动、社团效果等三个方面进行评价(见表4-6)。

表4-6 管城回族区港湾路小学"灵动社团"评价表

	评价内容		综合评价		
			A	B	C
灵动社团	社团管理	有规范、安全的活动场所。			
		具有健全的、完善的管理机制。			
	社团活动	社团活动规范化,有计划,有目的。			
		社团活动形式丰富多彩,有过程性资料。			
	社团效果	教师有效指导儿童,活动质量很高。			
		儿童通过社团提高合作、自主学习的意识。			

通过建构"灵动课堂"、建设"灵动课程"、推行"灵动英语角"、开展"灵动节日"和创设"灵动社团"多种英语课程的实施,以"教—学—评"为基础,培养儿童的综合语言运用能力。

综上所述,"灵动英语"课程深入学习《义务教育英语课程标准(2022年版)》,注重素质教育,通过语言学习,促进儿童心智发展,提高人文素养。我们将持续提升英语教研组教师终身学习的能力,依托学校各项制度,制定完善科学的学科管理制度。在教学中,建构灵活多样的英语课堂,开展丰富多彩的英语实践活动,组织专业深入的英语教研活动,建立健全多样化的评价方式,促进儿童综合语言运用能力的形成与发展。

(撰稿者：杨伟伟　杨白翼　陈钰涵　崔亚利)

第五章
交互性：在开放情境中建构互动共同体

　　境脉学习是真实情景与儿童内心的交互活动。　真实的情境引发儿童的思考，开发儿童的潜能。　通过真实生活情境的创设，真正激发儿童内心对学习的兴趣，儿童与儿童、儿童与老师在开放的情景系统中畅所欲言，相互影响，共同构建学习共同体，驱动英语成为儿童交流的工具。　儿童在交流中学会表达与倾听，在讨论中碰撞出思维火花，在感悟中邂逅主题意义；教师也能在交流中适时地调整教学策略，令课堂内外充满生机，点燃儿童的学习热情。

管城回族区南关小学英语组是一个和谐向上的团队。现有英语教师 2 人，均为中小学二级教师，并具备硕士研究生学历。两位教师在教学中以培养儿童综合语言能力为目标，推进以培养儿童创新精神和实践能力为重点的素质教育，努力探求出一条科学、低负、高效的教育教学新路径。我校英语组依据《关于全面深化课程改革落实立德树人根本任务的意见》《义务教育英语课程标准（2022 年版）》等文件精神，有序推进我校"5C 英语"课程建设，并取得了显著效果。

第一节　更新理念　启发多元思维

一、学科性质

《义务教育英语课程标准（2022 年版）》指出："英语课程以习近平新时代中国特色社会主义思想为指导，全面贯彻党的教育方针，落实立德树人根本任务，以培养有理想、有本领、有担当的时代新人为出发点和落脚点。""遵循外语学习规律，借鉴国际经验，立足我国义务教育阶段英语教育实际，充分考虑学习条件、学习时限和儿童学习经验等方面的差异，按照英语能力发展进阶，建立循序渐进、可持续发展的九年义务教育英语分级体系，由低到高明确学习内容与要求。课程以分级体系为依据，因地制宜，因材施教，确定起始年级和学习内容要求，灵活安排教学进度。"①

儿童仅仅学习英语语言的符号系统是不够的，还要通过听、说、读、写、译等方面的语言实践活动去学习、积累、应用英语，丰富情感，发展英语语言能力，逐步发展英语学科核心素养，从而培养良好的心理品质和思想道德品质。

二、学科课程理念

基于英语学科的特点，我校英语组教师多次研讨，以激发儿童学习兴趣为基点，驱动英语成为儿童交流的工具，将知识内化变得轻松、快乐。为此，我校英语组以"Capacity（能力）""Creation（创造）""Cooperation（合作）""Culture（文化）""Character（品质）"等五个价值取向为课程基础，提出了"5C 英语"的课程理念。

"5C 英语"是激发潜能的英语。语言学习的最终目标是将这种沟通交流的方式内化为儿童的能力，儿童能够熟练地运用英语进行日常交流。基于课程标准，以培养儿童的核心素养为目标，采用生动、有趣的教学方式，让儿童在情境中运用

---

① 中华人民共和国教育部.义务教育英语课程标准（2022 年版）［S］.北京：北京师范大学出版社,2022：2.

英语,并能够主动在实际生活中尝试使用英语交流,为终身学习奠定基础。

"5C英语"是启发思维的英语。英语作为一种兼具中西文化的特殊学科,教师在设计教学过程中要注重提升儿童思维能力,有利于培养儿童的想象力和创造力。我校在日常英语教学中构建了"呈现目标任务、引导儿童自学、教师讲解点拨、操作运用评价"为主的基本教学模式。在教学中,教师要抓住时机,对儿童进行敢于想象、敢于创新、敢于打破常规的训练,激发好奇心,丰富想象力。

"5C英语"是合作探究的英语。合作探究是一种重要的学习形式,它不仅鼓励师生之间的交流,更注重儿童与儿童之间的交流。小学英语课堂是培养儿童合作能力的重要平台,通过设置若干个合作学习小组,采取多种教学形式,达成教师与儿童的互动和儿童之间的交流。这不仅能改善课堂学习氛围,激发儿童学习热情,而且能提高儿童学习英语的兴趣,促进儿童多方面发展。

"5C英语"是文化交流的英语。小学英语不仅是一门学科,还是一门交际的基础工具学科,它的教学任务是培养儿童的学习兴趣,培养儿童综合运用英语的能力,引导他们形成开放的、合理的跨文化交际观念。要实现这个任务,仅教授儿童掌握正确的语音、词汇、语法知识是远远不够的。为此,我校注重对儿童跨文化意识和交际能力的培养,提高儿童综合语言运用能力,不断培养儿童跨文化交际的意识和能力。

"5C英语"是思维品质的英语。思维品质指人的思维个性特征,反映其在思维的逻辑性、批判性、创新性等方面所表现的水平和特点。通过"5C英语"课程的学习,儿童能辨析语言和文化中的各种现象;能分类、概括信息,建构新概念;能分析、推断信息的逻辑关系;能正确评判各种思想观点,理性表达自己的观点,具备初步用英语进行多元思维的能力。

第二节　探究主题　发展语言能力

《义务教育英语课程标准(2022年版)》指出,义务教育阶段英语课程的总目标是发展儿童语言能力、培养文化意识、提升思维品质并提升学习能力。"5C英语"让儿童乐于学习,积极学习,在幸福学习中开阔视野,丰富思维方式,形成良好的品格,提升英语学科核心素养。

一、学科课程总体目标

基础教育阶段英语课程的总体目标是培养儿童的综合语言运用能力。综合语言运用能力的形成建立在儿童语言技能、语言知识、情感态度、学习策略和文化意识等素养整体发展的基础上。语言知识和语言技能是综合语言运用能力的基础,文化意识是得体运用语言的保证。情感态度是影响儿童学习和发展的重要因素,学习策略是提高学习效率、发展自主学习能力的保证。这五个方面共同促进综合语言运用能力的形成。"5C英语"研发以英语课程的总体目标为基础,加强英语教师的专业技术水平,提高合作探究的能力,掌握新的教育教学方法。"5C英语"的实施,旨在激发儿童学习英语的兴趣,从实际出发,培养其终身学习英语的能力。

（一）语言技能

语言技能是语言运用能力的重要组成部分,主要包括听、说、读、写等方面的技能以及这些技能的综合运用。在"听"方面,要求儿童能听懂课堂中简单的提问,能听懂常用指令和要求并做出适当反应。在"说"方面,要求儿童能就日常生活话题作简短叙述,能在教师的帮助和图片的提示下描述或讲述简单的小故事。在"读"方面,要求儿童能根据拼读的规律,读出简单的单词,能借助图片读懂简单的故事或小短文,并养成按意群阅读的习惯。在"写"方面,能正确地使用大小写字母和常用的标点符号,能根据图片、词语或例句的提示,写出简短的语句。在"玩演视听"方面,能按要求用简单的英语做游戏,能在教师的帮助下表演小故事或小短剧。

（二）语言知识

语言知识的掌握主要包括语音、词汇、语法以及表达常见话题和功能的语言形式。通过"5C英语"课程，让儿童在多样化的学习中掌握语言知识。在语音方面，要求儿童能了解简单的拼读规律，了解英语语音包括连读、节奏、停顿、语调等现象。在词汇方面，知道要根据单词的音、义、形来学习词汇，能初步运用400个左右的单词表达二级规定的相应话题。在语法方面，要求儿童能在具体语境中理解语法项目的意义和用法，在实际运用中体会语法项目的表意功能。在话题方面，要求儿童能理解和运用有关下列功能的语言表达形式：问候、介绍、告别、请求、邀请、致谢、道歉、情感、喜好、建议、祝愿等。在功能方面，能理解和运用有关下列话题的语言表达形式：个人情况、家庭与朋友、身体与健康、学校与日常生活、文体活动、节假日、饮食、服装、季节与天气、颜色、动物等。

（三）情感态度

情感态度指兴趣、动机、自信、意志和合作精神等影响儿童学习过程和学习效果的相关因素以及在学习过程中逐渐形成的祖国意识和国际视野。儿童通过学习"5C英语"课程，能体会到英语学习的乐趣。在学习中敢于开口，乐于感知并积极尝试使用英语，积极参与各种课堂学习活动，在小组活动中能与其他同学积极配合和合作，遇到困难时能大胆求助，乐于接触外国文化，增强祖国意识。

（四）学习策略

英语学习策略包括认知策略、调控策略、交际策略和资源策略等。儿童通过学习"5C英语"课程，能在学习中积极与他人合作，共同完成学习任务；遇到问题，能主动向老师或同学请教；会制订简单的英语学习计划，对所学内容能主动复习和归纳；在学习中集中注意力；在课堂交流中，注意倾听，积极思考；能尝试阅读英语故事及其他英语课外读物，积极运用所学英语进行表达和交流；能初步借助简单的工具书学习英语。

（五）文化意识

在学习英语的过程中，接触和了解外国文化有益于对英语的理解和使用，有益于加深对中华优秀传统文化的认识与热爱，有益于接受属于全人类先进文化的熏陶，有益于培养国际意识。通过"5C英语"课程，儿童能知道英语中最简单的称谓语、问候语和告别语,对一般的赞扬、请求、道歉等做出适当的反应。比如知道世界上主要的文娱和体育活动,知道英语国家中典型的食品和饮料的名称,知道主要英语国家的首都和国旗,了解主要英语国家的重要标志,如英国的大本钟等,了解英语国家中重要的节假日,在学习和日常交际中,能初步注意到中外文化异同。

二、学科课程年级目标

依据《义务教育英语课程标准(2022年版)》精神,课程目标在总目标的引领下按照学段细分,这样既体现整体性又体现阶段性,各年级之间的目标相互联系,可以加强英语课程与其他课程和生活之间的联系,从而促进儿童英语素养的全面发展。结合我校"5C英语"课程的宗旨,设置我校"5C英语"课程年级目标表,这里以六年级为例(见表5-1)。

表5-1 管城回族区南关小学"5C英语"课程六年级目标表

年级	上 学 期	下 学 期
六年级	**Unit 1** 1. 能够听说读写句型:Where is the …? It's near the … How can we get there? Turn left/right at … 2. 能够听说读写单词:science museum, post office, bookstore, cinema, hospital, crossing, turn left, go straight, turn right。 3. 理解英语句子的升降调。 **Unit 2** 1. 能够听说读写句型:How do you come to school? I usually/sometimes/often come to school on foot. Don't go at a right light. 2. 能够听说读写单词:by plane, by train, by car, by ship, on foot, by subway, wait, slow down, go, stop。 3. 了解不同国家的交通方式,遵守交通规则。	**Unit 1** 1. 能够听说读写句型:How tall is it? Maybe 4 metres. How tall are you? I'm 1.65 metres. I'm taller than this one. What size are your shoes? Size 7. Your feet are bigger than mine. How heavy are you? I'm 48 kilograms. You are heavier. 2. 能够听说读写单词:younger, older, taller, shorter, longer, smaller, bigger, thinner, heavier, stronger. 3. 理解形容词比较级的基本构成,即在词尾加-er。 **Unit 2** 1. 能够听说读写句型:How was your weekend? It was good. What did you do? Did you …? Yes, I did. No, I didn't. 2. 能够听说读写单词:cleaned my room, washed my clothes, stayed at home,

年级	上 学 期	下 学 期
六年级	**Unit 3** 1. 能够听说读写句型：What are you going to do tomorrow? I'm going to ... Where are you going? I'm going to ... 2. 能够听说读写单词：take a trip, go to the supermarket, visit my grandparents, see a film, tonight, this morning, this afternoon, postcard, dictionary, comic book, word book。 3. 了解需要在活动前做好良好计划的意识。 **Unit 4** 1. 能够听说读写句型：What are Peter's hobbies? He likes ... Does he live in Sydney? Yes，he does. 2. 能够听说读写单词：dancing, singing, reading a book, doing Kungfu, cooks Chinese food, studies Chinese, does word puzzles, goes hiking。 3. 了解对方的兴趣爱好，具备结交朋友的能力。 **Unit 5** 1. 能够听说读写句型：What does he do? He is a/an ... Where does he work? He works at sea. How does he go to work? He works ... 2. 能够听说读写单词：factory worker, postman, businessman, police officer, fisherman, pilot, coach。 3. 能够从不同视角认识职业，构思自己的职业理想。 **Unit 6** 1. 能够听说读写句型：How do you feel? The mice are afraid of the cat. The cat is angry with them. He should see a doctor. Don't be angry。	watched TV, read a book, saw a film, had a cold, slept。 3. 了解英国下午茶的习惯，以及合理安排周末活动的意识。 **Unit 3** 1. 能够听说读写句型：Where did you go? We went to ... How did you go there? 2. 能够听说读写单词：rode a horse, rode a bike, went camping, went fishing, hurt my foot, took pictures, went swimming, ate fresh food, bought gifts。 3. 了解新疆的风土人情，建立事物都有两面性的概念。 **Unit 4** 1. 能够听说读写句型：There was/were (no) ... years ago. Now there is/are ... 2. 能够听说读写单词：star, easy, look up, Internet。 3. 能够在语篇中捕捉不同的信息。

年级	上　学　期	下　学　期
六年级	2. 能够听说读写单词：feel，sad，angry，happy，worried，afraid，wrong，see a doctor，do more exercises，wear warm clothes，take a deep breath，count to ten。 3. 渗透不能以自我为中心，要关心他人的意识。	

　　各单元课程目标的细分将会为教师的英语教学提供较大的帮助，儿童也将在英语学习中内化教学目标，分年级提升相应的英语技能，为学好英语掌握一个沟通交流的工具打下良好的基础。

第三节 互动交流 开发儿童潜能

依据《义务教育英语课程标准(2022年版)》有关课程实施的要求,我们认为英语课程的学习既是儿童通过英语学习和实践活动逐步掌握英语知识和技能、提高语言实际运用能力的过程,又是磨砺意志、陶冶情操、拓展视野、丰富生活经历、开发思维能力、发展个性和提高人文素养的过程。

一、学科课程结构

基础教育阶段英语课程的任务是激发儿童的学习兴趣,培养儿童的学习能力,使儿童树立自信心,养成良好的学习习惯和形成有效的学习方法,发展自主学习的能力,使儿童掌握一定的英语基础知识和听说读写技能,形成一定的观察、记忆、思维和创新能力,帮助儿童了解世界和中西方文化的差异,拓展视野,培养爱国主义精神,形成健康的人生观,为他们的终身学习和发展打下良好的基础。

学习语言既要促进个人的全面发展,又要有利于个人参与社会活动,且表现在知识与技能相结合、语言目标与非语言目标相结合、过程与结果相结合这三方面。它倡导关注差异、注重素质、强调过程、优化测评与评价等教学理念,坚持以人为本,对小学英语的课程教学提出了一定的要求。基于此,我校"5C英语"课程从学习达人、能说会道、才思敏捷、环球瞭望、陶情养性五个板块进行构建。

各板块课程具体表述如下。

(一) 学习达人

学习达人主要从听、说、读、写四个方面培养儿童的语言知识能力。该课程以提高儿童语言基础知识、准确把握英语语言应用规则为目的,为儿童的英语学习打下坚实基础,让英语成为儿童生活的一部分,也成为儿童沟通交流的一种自然而然的工具。学习达人课程包含趣味ABC、我会写单词、词汇达人、听音识句、小小播音员、字斟句酌等趣味活动。通过这些丰富多彩的活动与练习,儿童能够用英语进行自我介绍,并运用英语展现自己的个性特点,更加鲜明地体现出英语作

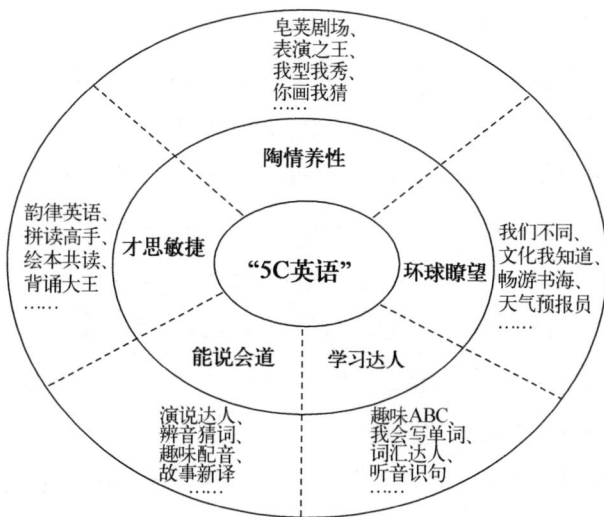

图 5-1　郑州市管城回族区南关小学"5C 英语"课程结构图

为交流工具的时效性,将学习真正地融入生活,巩固英语学习成果。

（二）能说会道

能说会道主要从语音、词汇、语法、功能、话题等五个方面培养儿童的语言表达能力。具体包括演说达人、趣味配音、角色扮演、大家译起来等活动。其中演说达人、趣味配音和角色扮演课程可以提高儿童的听、说、读能力,而"大家译起来"课程可以培养儿童的翻译和书写能力,这样的课程既能让儿童掌握知识,又能培养儿童学习英语的兴趣,让儿童体验自主学习英语的乐趣,锻炼自主学习能力,大大提高英语学习效率。

（三）才思敏捷

才思敏捷从认知策略、调控策略、交际策略、资源策略等四个方面培养儿童的基础学习能力。在英语学习过程中,不仅要教会儿童英语知识,还要教会儿童如何学习,这就涉及英语学习策略的问题。英语教师在教学过程中要有针对性地选择和实施教学方法,才能培养儿童的学习策略并发挥儿童的潜能,使儿童成为成功的英语学习者。学习达人课程包括韵律英语、拼读高手、背诵大王等,通过听、说、读、唱、玩、演等方式学习英语,增加英语语言的运用情景,同时也解决了儿童学习英语的方法问题,新奇的活动方式和巧妙的学习内容吸引儿童的注意力,培养儿童的学习能力。

（四）环球瞭望

环球瞭望从文化知识、文化理解、跨文化交际意识和能力等三个方面培养儿童的文化交际能力。语言具有丰富的文化内涵，接触和了解英语国家文化既有利于对英语的理解和运用，也有利于加深对中国文化的理解和认同，培养爱国主义精神，提高儿童人文素养。传授文化知识、培养文化意识和世界意识是小学英语教学的一个重要任务。在《义务教育英语课程标准（2022年版）》中，"文化意识"被列为综合语言运用能力的一个重要组成部分。因此，要想适应新的要求，就必须调整教学思路和教学方法，充分认识到跨文化交流的障碍，处理好语言学习和文化意识之间的关系。环球瞭望课程包括"我们不同""文化我知道""畅游书海"等，让儿童从知道和了解开始，逐步形成一定的跨文化意识，潜移默化地了解外国文化的相关知识，培养积极的跨文化意识，以此形成有效的跨文化交际能力。

（五）陶情养性

陶情养性从动机兴趣、自信意志、合作精神、祖国意识、国际视野等五个方面培养儿童的情感表达能力。课程主要包括能歌善舞、表演之王、我型我秀等。教师通过做游戏、背歌谣、学唱歌、画图、表演课本剧等有趣的活动来激发儿童学习的动机兴趣、自信意志、合作精神、祖国意识和国际视野。课程内容由简入深，层层递进，注重在学习过程中对儿童情感态度的培养，使儿童体会到语言学习中的人文情怀。

二、学科课程设置

学科课程设置的重点是，激发和培养儿童学习英语的兴趣，使儿童树立自信心，养成良好的学习习惯，形成有效的学习策略，发展自主学习的能力和合作精神。课程设置紧密结合学校教育发展情况，从儿童的实际情况出发（见表5-2）。

表5-2　管城回族区南关小学"5C英语"课程内容表

年级\学期\内容	学习达人	能说会道	才思敏捷	环球瞭望	陶情养性
三年级 上学期	趣味ABC	演说达人	韵律英语	我们不同	皂荚剧场
三年级 下学期	我会写单词	辨音猜词	拼读高手	文化我知道	表演之王

年级\内容\学期	学习达人	能说会道	才思敏捷	环球瞭望	陶情养性
四年级 上学期	词汇达人	趣味配音	小小辩论家	畅游书海	我型我秀
四年级 下学期	听音识句	故事新译	背诵大王	天气预报员	你画我猜
五年级 上学期	小小播音员	角色扮演	知识大串讲	国际大家庭	热心朋友
五年级 下学期	字斟句酌	"译"模一样	我是老师	全球视野	"英"我精彩
六年级 上学期	小小指路人	大家译起来	绘本共读	高能辩论家	原声原味
六年级 下学期	头脑风暴	书写我最棒	我是小导演	同住地球村	话剧之王

三、学科课程内容

英语课程内容设置的重点就是要改变英语课程过分重视语法和词汇知识的讲解与传授、忽视对儿童实际语言运用能力培养的倾向，强调课程从儿童的学习兴趣、生活经验和认知水平出发，倡导体验、实践、参与、合作与交流的学习方式和任务型的教学途径，发展儿童的综合语言运用能力，使语言学习的过程成为形成儿童积极的情感态度、主动的思维方式、大胆的实践能力、跨文化交际的意识和能力的过程(见表5-3)。

表5-3　管城回族区南关小学"5C英语"课程内容设置表

年级\内容\学期	课程名称	学 习 目 标	学 习 要 点
三年级 上学期	趣味 ABC	能正确认读 26 个英文字母，了解简单的拼读规律。	26 个英文字母
	演说达人	运用简单的英语单词与句式进行演说。	单词与句型
	韵律英语	伴随韵律或节奏朗读英语，激发学习英语的兴趣。	Let's do it
	我们不同	初步了解中西文化差异。	文化小知识

年级 内容 学期		课程名称	学　习　目　标	学　习　要　点
三年级	上学期	皂荚剧场	在表演中学习基本英语单词,体验学习英语的乐趣。	小短剧
	下学期	我会写单词	能感受到英文书写的美,激发英文书写的兴趣。	四会单词
		辨音猜词	通过拆音、拼音等活动训练,发现和归纳出元音字母的发音规则。	元音字母的发音规则
		拼读高手	能够根据拼读规则拼读新词,形成自主学习的能力。	Let's spell
		文化我知道	观看英语纪录片,拓展课外知识,增进对西方文化的理解。	英语纪录片
		表演之王	在活动中享受表演的快乐,从而激发学习英语的兴趣。	Let's talk
四年级	上学期	词汇达人	能够正确掌握课本所要求的单词与句子。	对话、单词
		趣味配音	能够正确认读英语长、短句,并根据角色特点赋予感情朗读。	英文电影片段 绘本剧
		小小辩论家	能够围绕简单话题进行辩说。	话题
		畅游书海	能够阅读简单、有意义的绘本故事,并将故事简述给家长、老师、同学听。	Magic Tree House 系列绘本
		我型我秀	能够用英语进行简单的自我介绍、展示自己。	交友大赛
	下学期	听音识句	能够根据听力材料写出对应的单词或句子。	原声电影片段
		故事新译	能够用简单的词汇正确复述故事。	Story time
		背诵大王	能够正确理解单词意义,背诵并熟练运用。	黑体单词
		天气预报员	能够运用所学单词和句子正确描述世界各地的天气。	天气预报活动
		你画我猜	能够将单词用绘画等多种形式表达出来。	你画我猜游戏

年级 / 学期 内容		课程名称	学　习　目　标	学　习　要　点
五年级	上学期	小小播音员	能够通过小组合作展示英语发音,加强团体、集体概念。	小组新闻播报
		角色扮演	能够正确理解角色内涵,体验角色处境。	英文视频短片、绘本剧
		知识大串讲	能够用自己的语言简要概括相关主题的单词、单词形式变化。	主题单词大串讲
		国际大家庭	能够根据教师设置的话题,用简单的语言表达自己对问题的看法。	主题话题讨论
		热心朋友	能够根据教师设置的问题情境,让儿童在小组合作中一起解决问题。	周末安排、季节活动探讨
	下学期	字斟句酌	能够将自己所学过的单词按照主题进行总结、呈现。	黑体单词
		"译"模一样	能够翻译名言警句并记背。	优美句子、名言警句
		我是老师	能够给小组人员串讲文章大意并带读单词。	对话、绘本
		全球视野	能够自主阅读相关的史料并发表自己的见解。	主题演讲比赛
		"英"我精彩	能够在英语活动中培养正确的价值观,展现自我。	面试大赛
六年级	上学期	小小指路人	能够运用所学单词和句型,围绕主题分享交流,达到学以致用的目的。	出行方式短语、指路问路句型
		大家译起来	能通过翻译比赛等形式,达到"玩中练"的目的。	各类单词、短语和句型表达
		绘本共读	共读一本书,提高阅读和写作能力,扩展思维,丰富想象,增强英语学习乐趣	儿童经典系列绘本
		高能辩论家	根据模拟辩论赛收集资料、整合信息,能够协同合作,感受探索新知的能力。	辩论赛
		原声原味	了解中西方文化和思维方式的差异。	经典原声电影

年级\内容\学期		课程名称	学　习　目　标	学　习　要　点
六年级	下学期	头脑风暴	展开联想、发散思维,达到以旧识引新知的目的,体验学习乐趣	联想同类词和主题相关活动
		书写我最棒	能够根据读写课内容进行概括,通过正确书写形成描述性书面表达。	Read and write
		我是小导演	创设故事情景,沉浸其中感受语言表达的乐趣,激发他们学习英语的动力。	故事创编
		同住地球村	了解不同的中西方风土人情、价值观念。	话题讨论
		话剧之王	排演经典话剧,体会西方的语言使用情境。	经典话剧

丰富多彩的活动为儿童的跨语言交际带来了多元的乐趣。儿童根据兴趣选择喜欢的交流活动,通过多途径获得语言学习成就感,也初步体验到了相关职业的概念和特征。

第四节 关注发展 搭建评价体系

依据《义务教育英语课程标准(2022年版)》文件精神,结合英语学科特点和英语学科学习的实际情况,我们从五个方面设计"5C英语"课程的实施与评价,即构建"5C课堂"、建设"5C课程"、组建"5C社团"、设计"5C英语节"、创设"5C英语角",以丰富儿童内心的英语世界,培养儿童学习英语的兴趣,提高语言综合使用能力。

一、构建"5C课堂",提升学科课程品质

"5C课堂"从儿童实际情况出发,遵循儿童立场,关注儿童终身发展,以儿童喜欢的方式学,以教师擅长的方式教,力求形成完善的教学体系。将"能动、探索"的理念带入英语课堂中,充分发挥儿童的主观能动性,帮助儿童理解英语、爱上英语,对学习英语充满信心。

(一)"5C课堂"的实施要点

在"5C课堂"中,通过教师的引领,采取恰当的方式,激发儿童的学习积极性、主动性,让儿童参与教学过程,获取有效的知识与能力,将新课程标准中的"知识与技能、方法与过程、情感态度与价值观"三维目标最大化、最优化。因此,"真实性""语用性""多样性"是"5C课堂"实施贯彻的要点。

真实性——英语教学应该是在真实的情境中发生的活动,而不是仅仅为了学习创设的虚假情境。在"5C课堂"中,儿童是学习的主体,不再是被动的学习客体,教师是儿童学习英语的指导者和评价者。

语用性——英语学习的目的在于语言的运用。"5C课堂"注重英语学习的实践性,既要保证儿童在课堂上能学到知识,又要给儿童充分实践的机会,充分调动和激发儿童的积极性。

多样性——结合儿童注意力持久性和稳定性的特点,在课堂教学中坚持抓住重点及难点进行精讲,运用韵律、歌曲等丰富多彩的形式,使儿童在课堂上集中注意力,充分提高儿童学习英语的效率,启迪儿童思维。

（二）"5C课堂"的评价

依据我校"5C课堂"的内涵,从教师表现、教学设计、教学过程、教学效果四个方面对课堂进行评价(见表5-4)。评价表体现了"教—学—评"的一致性,极大地提高了教学质量。

表5-4 管城回族区南关小学"5C课堂"评价表

课程名称				执教人		
时 间		地 点		评价人		
项 目		评 价 指 标			分值	得分
教师表现		1. 发音准确、语调规范、语言流畅,语法正确。 2. 教具、材料等准备充分。 3. 英语教学活动安排顺畅,顺利完成教学任务。			10	
教学设计		4. 教学目标全面具体明确,符合小学英语课程标准,符合儿童实际年龄心理特点及认知规律。 5. 注重语言运用,体现任务型语言教学思想。 6. 儿童有效参与学习,讲、学、练活动时间比例恰当。			20	
教学过程	教师组织	7. 师生交流亲切自然,体现平等、民主、和谐的学习气氛。 8. 课堂结构严谨,逻辑性强,过渡自然,注重语言能力的培养。 9. 善于引导儿童主动学习、合作学习,特别是小组间的合作学习。 10. 面向全体儿童,注意到每一个儿童的学习特点和需要。			10	
	教学方法	11. 能用最新的英语教育观念指导教学,并贯彻到实践中去。 12. 根据教学实际选用恰当教法,活动形式多样、有效,能提供合理的学习资源。 13. 重视英语学习方法的指导,善于培养儿童的能力。			15	
	教学手段	14. 根据教材内容,采用多种教学媒体及视听手段,为儿童创造良好的语言学习环境,效果明显。 15. 教学灵活多样,切合儿童和教师实际,增强儿童参与意识,进行多向反馈和情感交流;善于开发有活力的教学学习资源。 16. 从实际出发合理运用各种教学媒体(含板书),目的明确,操作得当,效果明显。			15	

项　　目		评　价　指　标	分值	得分
教学过程	学生活动	17. 突出儿童的主体地位,发挥教师的指导作用,教与学的比例合理,能让儿童在有意识或无意识的学习过程中学会学习。 18. 儿童兴趣浓厚,思维活跃,敢于开口,乐于参与教学活动,并能用英语完成简单的任务。	15	
	教学效果	19. 完成教学任务,达到预定教学目标。 20. 课堂时效性强,不同程度的儿童均得到应有的发展,从整体上达到教学的"三维"目标。 21. 教学有个性,能有自己的教学风格与特点。	15	
亮　　点				
不　　足				
意见或建议				
总　　评			总分	

二、建设"5C课程",丰富学科课程内容

"5C课程"注重引导。教师在每堂新课中要引导儿童培养学习兴趣,让儿童能够彻底地了解和掌握这个课程中的重点知识。

（一）"5C课程"的实施要点

"5C课程"的实施在儿童英语学习的启蒙阶段,主要培养儿童学习英语的兴趣和学习方式。要创设各种情景,鼓励儿童大胆地使用英语,为儿童提供自主学习和直接交流的机会,通过体验、实践、合作、探索等方式,发展听说读写的综合能力,创造条件让儿童能够探索英语问题。我校"5C英语"课程依据课程目标结构,分为语音课程、词汇课程、语法课程、话题讨论等四部分。语音课程指的是在传授语音基础知识的同时进行听说（读）的训练,使儿童养成良好的发音习惯,培养儿童在口头上初步运用英语进行交际的能力。在词汇课程中,教师根据需要,以不同形式释义单词,抓住儿童的好奇心,吸引儿童的注意力,给儿童留下深刻的第一

印象。语法课程在整个英语教学中占据重要地位,教师要采用多种方式培养儿童的语言应用能力,来实现语法教学的目的。在话题讨论中,要按照儿童的身心发展特点,选择适合儿童的话题,培养儿童观察、思维、想象和创新能力,为终身学习奠定基础。

(二)"5C课程"的评价

依据我校"5C课程"的内涵,从自主度、参与度、情趣度、有效度四个方面对课堂进行评价(见表5-5)。

表5-5 管城回族区南关小学"5C课程"评价表

评价指标	评 价 标 准		分值	得分
	学 生 活 动	教 师 活 动		
自主度	1. 每堂课保证有20分钟左右的时间让儿童自主英语阅读、积累、感悟和实践运用。 2. 创设更多的学习机会和情景并给儿童权利去选择学习内容、学习方式等。 3. 儿童能大胆质疑,主动获取学习信息,及时整理、巩固所学英语知识和技能。	1. 教师以英语课本为载体,能根据教学目标需要进行合理的文本再构,尊重学情,以学定教,顺学而导。 2. 教师所提问题基于最近发展区,有利于儿童自主合作探究。 3. 教师设计活动组织框架,有助于自主合作的有效进行并促使儿童养成良好学习习惯。	30	
参与度	1. 参与面广,主动积极,思维活跃,踊跃发言。 2. 全程参与英语课堂学习,经历学习过程,积极探究,思维有深度。 3. 生生之间有效地合作,分工明确,组织有序,积极互动,乐于表达。	1. 关注全体儿童,教态亲切。 2. 关注儿童学习需求和状态,因材施教,能根据儿童反应适时调整教学,适应教学需要。 3. 教学活动设计合理,能给儿童创造参与机会。	20	
情趣度	1. 求知欲望强,学习热情高,英语兴趣浓厚持久。 2. 学习过程中有成功、喜悦等情感体验,学习氛围浓,能快乐读、写、演,对后续学习充满信心。 3. 英语文化、生活情趣及审美得到丰富和提高。	1. 善于开发有活力的英语课程资源,创设出激发儿童学习的教学情境。 2. 教学活动设计新颖、有趣。媒体运用时机适宜。 3. 文化积淀丰厚,教学语言有特色,评价激励及时有效。	20	

评价指标	评 价 标 准		分值	得分
	学 生 活 动	教 师 活 动		
有效度	1. 能提出有价值的问题,并得到有效探究。 2. 理解掌握学科知识和方法,综合语言实践运用能力得到增强,兴趣、情感得到发展。 3. 学习目标达成度高,不同层次的儿童各有所获。	1. 教学目标定位准确。符合《英语课程标准》,凸显年段要求,尊重文本特点突出教学重点、突破难点。 2. 用英语做事,让儿童在用中学,学中用,边学边用,边用边学,学了就能用。 3. 教儿童恰当处理问题,教学目标有效达成。	30	
总评			100	

三、组建"5C 社团",激发英语学习兴趣

"5C 社团"的组建,以"面向全体儿童、人人参与"为宗旨,给儿童提供各种各样的机会,巩固英语课堂学习成果,丰富儿童课外知识,训练对英语知识的综合运用能力,调动儿童对英语学习的兴趣,促使儿童生动活泼地发展,营造充满活力又团结向上的班风和学风。

（一）"5C 社团"的实施要点

学校英语学科不仅有多样的拓展类课程,而且打造了丰富的英语社团。开学初,校本课程小组和英语社团指导老师选定本学期的社团课程,由儿童自主选课报名,充分尊重儿童的选择。

"英语绘本"社团:以符合中低年级儿童年龄特点的英文绘本读物为依托,通过教师的引导,带领儿童欣赏和品读绘本。在倾听、观察、想象、体验中培养儿童的阅读兴趣,使儿童能拥有欣赏、表达、沟通、分享的能力。

"英语趣配音"社团:带领儿童欣赏有趣的动画片段,培养儿童喜欢阅读的兴趣,感受阅读的乐趣。在教师的指导下,儿童各自扮演不同的角色,为动画片段配音,在活动中收获成长和快乐。

"金话筒"社团:组建儿童英文好文朗读团队,阅读优美的英文片段,提高儿童

的英语口语交际能力。通过创设情境,使儿童之间能面对面交流,学会倾听、表达和交流,提高运用英语的综合能力。

(二)"5C 社团"的评价

依据我校"5C 社团"的内涵,从出勤、学习态度、课堂学习、英语歌曲、英语歌谣、朗读模仿、小组合作、兴趣作业八个方面对课堂进行评价(见表5-6)。

表5-6　管城回族区南关小学"5C 社团"评价表

姓名:		班级:		
评价项目	自我评价	小组评价	教师评价	综合评价
出　　勤				
学习态度				
课堂学习				
英语歌曲				
英语歌谣				
朗读模仿				
小组合作				
兴趣作业				
注:评价结果分为 A、B、C、D 四个等级。其中,A 代表优秀,B 代表良好,C 代表及格,D 代表不及格。				

四、设计"5C 英语节",加深英语学习氛围

文化是一种社会精神力量,能够在人们认识世界、改造世界的过程中转化为物质力量,对儿童社会化发展产生深刻的影响。"5C 英语节"是根据我校"5C 英语"课程设置的一个多元性评价活动,通过英语节的各项活动,让儿童充分运用所学知识进行沟通交流,在活动中感知西方文化,在交流中更好地内化所学知识。

（一）"5C 英语节"的实施要点

通过"5C 英语节"，使儿童进一步体验语言学习的快乐，进一步激发儿童学习英语的兴趣，培养儿童良好的学习习惯，发展儿童的个性，提高儿童的综合素质，促进儿童的全面发展，展示儿童的英语才华。

英语节具体包含三大模块：第一是儿童课内知识展示，分为听说能力和表达能力。第二是儿童才艺展示，儿童可根据英语节主题展示相关的歌曲、舞蹈、配音以及话剧表演节目。第三是综合能力运用，学校根据节日的主题邀请外教或优秀大学生与儿童进行交流，届时将考查儿童的英语综合运用能力，进一步贴合"5C 英语"课程理念。

同时，英语节还设置丰富多彩的奖项和奖品，根据儿童的表现与能力进行评价，给予儿童相应的鼓励（见表 5-7）。

表 5-7　管城回族区南关小学"5C 英语节"课程设置表

课程名称	学 习 目 标	学习内容	活动年级
我是阅读王	提高阅读能力，了解西方绘本故事。	我来讲绘本 我是主角我来演	三年级
西方文化节	通过对西方文化的了解，感知中西文化差异，进而体会两种语言表达方式的不同。	我会讲故事 找不同 新知新识	三、四年级
画外音	通过给英文故事、英文绘本、英文短剧配音，提高儿童的口语表达能力。	配音高手 故事新讲	五、六年级
我是歌手	儿童通过唱英文歌曲，掌握英语发音技巧	歌王争霸赛	所有年级

（二）"5C 英语节"的评价

依据我校"5C 英语节"的内涵，从知识目标、技能目标、情感目标三个方面对课堂进行评价（见表 5-8）。评价能更加全面地总结活动收获，有针对性地帮助儿童提高英语运用能力。

表 5-8　管城回族区南关小学"5C英语节"课程评价表

学生姓名		辅导教师			
活动名称		班　　级			
评价目标	参与情况(A-D程度依次减弱)				
知识目标	活动前有充分的准备。	A	B	C	D
	充分掌握新词汇。	A	B	C	D
	熟练表达活动所需用语。	A	B	C	D
技能目标	活动形式生动、活泼、有趣。	A	B	C	D
	口头表达能力强、语音流畅。	A	B	C	D
	语言运用能力、理解能力强。	A	B	C	D
情感目标	参与积极,主体作用发挥好。	A	B	C	D
	积极配合老师完成活动内容。	A	B	C	D
	对语言学习有了新的认识与了解。	A	B	C	D
	具有创新意识,根据个人特长展开活动。	A	B	C	D
综合评价					
备注:		问题及建议:			

五、创设"5C英语角",营造英语学习环境

　　语言交际离不开语言环境,在小学英语的学习中,学校和教师应该为儿童创设英语学习的环境,让儿童沉浸在快乐的英语氛围中,在生活中习得和运用英语。英语角能激发儿童学习英语的兴趣,使他们保持学习英语的信心,体验学习英语的乐趣。首先,鼓励教师与儿童之间、儿童与儿童之间、教师与教师之间能用英语相互问候并进行简单的交流。其次,校园内使用双语标记,比如在校园绿化中标注温馨提示语。校园的电子屏幕上,每天滚动播出英语名言,让儿童充分感受到

原来校园生活中处处有英语。

（一）"5C英语角"的实施要点

通过英语小知识、歌谣、儿童英文歌曲、英语名人名言、英语警示语、英语小短文和小故事、英语学习技巧等形式，开展校园英语宣传栏和英语作业墙展示活动。在校园的作业墙张贴英语手抄报、剪贴报、英语课程表、英语日记、英语书法作品等英语特色作业，还可以利用课间时间在校园内播放一些儿童喜闻乐见、朗朗上口的英语歌曲、歌谣或者是英语小故事，让儿童在轻松愉悦的氛围中学习英语。

具体方式如下：1. 学情调查。通过调查，了解儿童的思想和知识储备情况，制定符合儿童实际情况的活动方案。2. 宣传讲解。将参加开展英语角的想法、意义告知全校师生，引起儿童的兴趣、激发儿童的学习热情、鼓励儿童勇敢参与。3. 巩固与对话。开展"每周一歌""每周一诵"等活动，设置主题情景对话，展示"大声说、大胆说、展示自我"的标语，鼓励儿童积极参与活动。4. 表演与模仿。播放一些有趣的英语短片动画，鼓励儿童给影片配音，或者用自己的话概括短片故事。5. 交谈与提升。每周设置不同的情景话题，提供话题关键词供儿童参考，支持儿童用全英文交流，提升英语运用能力。

（二）"5C英语角"的评价

依据我校"5C英语角"的内涵，从学生自评、教师评价两个方面对课堂进行评价（见表5-9）。

表5-9 管城回族区南关小学"5C英语角"课程评价标准表

班级：		姓名：			
评 价 内 容		评 价 等 级			
		A	B	C	D
学生自评	充满感情唱英语歌（表情、肢体动作）。				
	能够熟练记背英语字母、单词。				
	能够用英语表达生活用品。				

评　价　内　容		评价等级			
		A	B	C	D
教师评价	积极参与活动。				
	对自己充满自信。				
	吐字清晰、语言流畅、表现力强。				
	语音语调准确。				
	肢体动作丰富得体。				
	能够结合实际情景、自主进行对话。				
亮　点					
综合评价	整体表现 参与情况 完成情况				
意见或建议					

　　我校"5C英语"课程的实施将始终秉承学校"心根教育"的教育哲学,坚持以生为本,落实核心素养,优化课程结构,整合学校和社会各界资源,形成我校特色教育体系,从而促进儿童全面成长。与此同时,学校还要为英语教师创造更多的展示、观摩、交流的学习机会,帮助教师多渠道提高学历层次和业务水平,通过校本研修、课例研究、教学反思等及时总结和归纳,梳理并提炼教学经验,形成教师个人独特的教学风格和教学智慧。

　　综上所述,我校"5C英语"课程将全面贯彻《义务教育英语课程标准(2022年版)》的理念,围绕"心根教育"的教学哲学,把"教给学生一生有用的东西"的办学目标和"在儿童的心弦上镌刻文化的密码"的课程理念融入"5C英语"课程建设的各个方面。"5C英语"课程的蓝图已描绘,"在儿童的心弦上镌刻文化的密码"的征程已开启。我们坚信在"心根教育"的影响下,一批批有"正气、勇气、灵气、才气"的"心芽少年"正在茁壮成长!

（撰稿者：方楠　李盼盼　武琨）

第六章
思辨性：在互动思维中促进语言重构

  境脉学习是儿童思考、辨析、解决问题的实践活动。儿童在主题情境中，通过实践、反思探索新知。在动态课堂活动中，儿童能主动将已有的学习经验与即将学习的知识形成互动，促进对知识的梳理与思考，在问题解决中加深对主题的理解，在迁移中重构语言知识脉络，在交流中促进高阶思维，在协同互动中丰盈内心世界，在思考、辨析中还原语言本真。

郑州市管城回族区外国语小学是国家基础教育中心外语实验校、教育部剑桥少儿考级中心、河南省分级阅读实验学校。 随着课程改革的不断深入，我校英语教研组依据教育部《关于全面深化课程改革落实立德树人根本任务的意见》《义务教育英语课程标准（2022年版）》等文件精神，推进本校英语学科课程建设，并取得了显著成效。

第一节　主题引领　激活语言本真

一、学科性质观

《义务教育英语课程标准（2022年版）》指出："义务教育英语课程体现工具性和人文性的统一，具有基础性、实践性和综合性特征。学习和运用英语有助于学生了解不同文化，比较文化异同，汲取文化精华，逐步形成跨文化沟通与交流的意识和能力，学会客观、理性看待世界，树立国际视野，涵养家国情怀，坚定文化自信，形成正确的世界观、人生观和价值观，为学生终身学习、适应未来社会发展奠定基础。"[①]基于这种认识，我们认为英语课程的核心价值是注重儿童的综合语言运用能力，培养儿童良好的思维品质和独立思考能力，通过创设生动真实的语境来体现英语学科的人文性，加强社会主义核心价值体系在英语课程中的渗透，关注儿童的心灵成长、心智发展、人格升华，体现德育为首的发展创新能力。

二、学科课程理念

依据《义务教育英语课程标准（2022年版）》文件精神，英语学科"应围绕核心素养确定课程目标，选择课程内容，创新教学方式，改进考试评价，指导教材建设，开展教师培训"；"构建基于分级体系的课程结构"；英语课程内容的选取应"以主题为引领"，体现时代特征；"秉持在体验中学习、在实践中运用、在迁移中创新的学习理念"，践行学思结合、用创为本的英语学习活动观；坚持以评促学、以评促教，注重"教—学—评"一体化设计；"重视教育信息化背景下英语课程教与学方式的变革"，推进信息技术与英语教学的深度融合。结合我校历史、文化及英语学科的实际情况，我校英语学科的课程理念为"原味英语"。"原味英语"通过课程整合零散的英语活动，实现国家课程和校本课程的有效融合，是促进儿童听得正宗、说

---

① 中华人民共和国教育部.义务教育英语课程标准（2022版）[S].北京：北京师范大学出版社，2022：1.

得纯正、读得自然、写得通达、综合本真的英语学科课程体系。

"原味英语"是原汁原味的课程。深入挖掘原汁原味的素材，力求合理利用和积极开发课程资源，为儿童提供贴近儿童实际、贴近生活、贴近时代的内容健康和丰富的课程资源；积极利用音像、电视、书刊、网络信息、分级阅读材料等丰富的教学资源，拓展学习和运用英语的渠道；积极鼓励和支持儿童主动参与课程资源的开发和利用，传递纯正自然的语言。

"原味英语"是朴实无华的课程。追求回归朴实无华的课堂，真实、扎实、有质量的课堂教学，除去"花哨的外衣"，撇去"虚假的浮沫"，还原课堂的真实与本色。时刻把儿童装在心中，尊重儿童在教育教学过程中的主体地位，努力营造和谐的师生关系，充分调动其积极性、主动性和创造性，使儿童充分表现其才能，发展自己的个性，提升英语思维能力和用语言做事的能力。

"原味英语"是自然本真的课程。探索自然本真的教法，创设生动真实、接近儿童实际生活的语境，营造英语氛围，让儿童自然"习得"语言，引导儿童用所学语言做出自然、有意义的沟通，感受用英语交流的乐趣和成就感，提高英语的流利程度和运用英语交流的能力，从而达到返璞归真、自然而然的境界，培养儿童的综合语言运用能力。

"原味英语"是生态健康的课程。构建生态教育体系，需要创设能引导儿童主动参与、轻松、和谐的教育环境，激发儿童良好的学习状态，培养儿童掌握和运用知识的态度和能力。我们应注重培养儿童的人格，尊重儿童的需要，充分考虑到儿童语言学习及成长教育的特点，让每个儿童都能得到充分的发展，使教育走上"遵循规律、健康发展"的良性发展之路。

总之，"原味英语"强调以儿童为主体，培养儿童的国际视野和家国情怀，促进儿童英语思维能力的发展，能够用纯正的英语流利地表达所思所想。让儿童在活动中成长，在活动中不断提升语言能力、学习能力、思维品质和文化品格，为儿童的持续发展打下坚实的基础，力求让每一位儿童理解别人的表达、敢于自我展示、勇于分享交流，让生命因沟通而精彩。

第二节　积累经验　形成思辨意识

　　《义务教育英语课程标准(2022年版)》指出:"核心素养是课程育人价值的集中体现,是学生通过课程学习逐步形成的适应个人终身发展和社会发展需要的正确价值观、必备品格和关键能力。英语课程要培养的学生核心素养包括语言能力、文化意识、思维品质和学习能力等方面。"①在儿童个人成长中,英语学科承担着培养儿童基本英语素养、发展儿童思维能力和提高人文素养的任务,使儿童在学习中形成用英语与他人交流的能力,促进思维能力的发展,开阔视野,丰富生活经历,形成跨文化意识,增强爱国主义精神,发展创新能力,形成良好的品格和正确的人生观与价值观,使之在学习中不断完善和健全自身修养。

一、学科课程总体目标

　　英语核心素养主要包括语言能力、思维品质、文化品格和学习能力四个方面,从这一概念出发,结合英语课程标准及我校英语学科"原味英语"的课程理念,我校英语课程目标体系分为显性课程目标和隐性课程目标。英语显性课程目标包括英语基础知识、阅读、听力和口语、写作等四部分,英语隐性课程目标则包括审美能力、文化探究能力和情感要素。从这两个方面出发,结合英语课程标准及原味英语的理念,我校设置了英语学科课程总目标:提高儿童语言素养,感悟人文底蕴,发展交流能力,培养儿童英语表达能力和运用语言做事的能力,为培养具有创新能力和跨文化交际能力的人才奠定基础。我校的英语课程目标具体如下。

　　(一)英语显性课程目标

　　1. 英语基础知识。英语基础知识主要包括语音、词汇和语法,它是阅读和写作的基础,是英语学习者形成英语学习能力的教学重点,也是贯穿整个义务教育

---

① 中华人民共和国教育部.义务教育英语课程标准(2022版)[S].北京:北京师范大学出版社,2022:4.

阶段的重要教学内容。

语音教学是英语教学的一个最基本、最重要的方面,语音的准确程度直接影响到儿童的英语水平。通过自然拼读法教学,让儿童做到看词能读、听音会写。我校在进行语音教学时,除了采用传统的教学方法以外,还采用灵活多样的训练方式,例如举行英语趣配音、百变配音秀等活动来训练儿童的语音语调,这样才不使儿童感到枯燥乏味。

对于词汇教学,教师要注重情境教学法。情境好比美味可口的汤,知识好比盐,知识必须要融入情境中,儿童才能容易理解、消化、吸收。的确,把单词通过相对真实的情境呈现出来,是提高词汇教学效率的关键。同时,教师需要进行有效的词汇运用巩固练习,通过句子来帮助儿童形成"词—句—篇章"的思维转换。为了保证阅读的词汇量,小学阶段要求儿童掌握600—700个词语。这些词汇中有四会单词、三会单词、二会单词等不同分级的词汇标准。我校则通过校本课程剑桥英语课程和柯林斯英语的实施,使儿童通过生动有趣的课文,潜移默化地掌握更多的词汇。

语法教学时要把语言结构、语言功能、语言形式、语言意义有机地结合起来,形象生动地呈现给儿童,根据语法运用的实际需要,从所遇到的具体语言实例出发进行指导和点拨,目的是帮助儿童更好地形成英语语言思维模块,形成一定的语言应用能力和良好的语感以及对知识系统的架构。英语语法一直是困扰儿童的难题。为此,我校教师在语法教学中改变传统的教学模式,运用实物法、归纳法、图表法等教学方法,把语法教学与听说读写等学习内容自然地融合在一起,充分地调动儿童学习的积极性。

2. 阅读。阅读是提升语言能力的重要手段,提升儿童的阅读能力是教师英语教学中的重要目标。因为阅读是人们获取信息、处理信息、分析和解决问题的最主要途径,70%以上的知识都是通过阅读获得的。培养儿童良好的阅读习惯也是教师在教学中需要达到的教学任务。阅读是儿童充分运用所学的词、句、语法等进行理解内化的过程,对儿童的英语学习、运用能力有较高的要求。通过校本课程柯林斯英语的实施,教师在分级阅读教学中要深入挖掘作者的编写意图,引导儿童钻研英语文本,从文字的层面细细品评。加强对儿童阅读的指导、引领和点拨,加强阅读策略的引导和实践的可操作性,帮助儿童加深对文本的理解和对语言的体验,培养儿童的英语思维能力和思维品质。

3. 听力和口语。在教学过程中,我们发现儿童在英语听力学习上存在不同程度的困难。很多儿童表示很难从英语听力中获取较为全面的信息,以至于会对英语听力产生害怕的情绪。英语口语与英语听力是一对互补技能。如果要提升儿童的听力理解能力,就需要指导和训练儿童用英语思维的方式来进行口头表达。教师应尽量用英语组织教学,正确使用课堂用语,并要求儿童用英语交流,通过这种耳濡目染的环境熏陶,从而培养其良好的听说习惯。教学活动主要应在具体的交际情景中进行,努力选择贴近学习生活的话题,采用灵活的形式组织教学。此外,重视在英语课堂教学中培养口语交际的能力,鼓励儿童在各种英语活动以及日常生活中锻炼口语交际能力。事实上,提高儿童的听力水平能使教学更轻松,课堂效率也会更高,教学效果也会更好,因此我们在设计听力教学活动时,要根据其他语言技能来设计综合活动,并把听力活动与其他语言技能相结合,如听—说、听—读、听—写等。

4. 写作。写作是语言输出的重要方面,写作是人们学习及运用英语的综合技能表现,能检验和巩固儿童综合的语言知识。在写作过程中有利于培养和提高儿童的语言综合能力。目前小学英语教学比较重视听说读的训练,却忽视了写的教学。英语写作要求儿童有扎实的语言基本功,具备一定的审题能力、想象能力、表达能力等,更是高年级英语教学的难点。在培养儿童口语能力的同时,不能忽略儿童写作技能的训练,写作能帮助儿童提高使用英语的准确性,能扩大所用语言的范围,能帮助儿童提高逻辑思考及分析问题的能力,对阅读、听力、口语有促进作用。为培养儿童初步的写作能力以及基本的造句能力,掌握一些固定的英语语言表达,我校通过丰富多彩的习作活动,挖掘教材中的写作素材,创设情景化的写作素材并运用生活化的写作素材,让儿童成为评价的主体。

(二)英语隐性课程目标

1. 审美能力。审美教育,就是指培养人对自然美、社会美、艺术美的观点和欣赏能力的教育,也是培养人具有创造美的能力的教育。向儿童传授美的语言、美的思想,引导儿童发现美、感受美、欣赏美。一方面,英语课程与教学要引导儿童在英语绘本、诗歌等不同形式的作品中感受大千世界和美丽人生的多姿多彩,从中积淀丰富的审美体验,陶冶性情,涵养心灵;另一方面,要启发儿童悉心感受英语的语言形式之美,并进行自主模仿和表达,用闪烁着灵性和智慧的英语语言形式去表达独特的具有审美价值的精神世界,享受英语带来的新的审美情趣。在校本课程中,教师要充分利用各方面的有利因素,挖掘教材中的美。在英语书写中审美,教师应引导儿童多观察英文 26 个字母的连写、笔顺和间距,激发儿童的书写兴趣;在诵读中审美,使儿童在聆听中感受英语语调和节奏的韵律美。

2. 文化探究能力。文化蕴含着一个国家或民族的历史地理、风土人情、传统习俗、生活方式、文学艺术、行为规范、价值观念等。语言与文化密不可分,语言有丰富的文化内涵,语言是文化的一部分。接触和了解西方国家文化有益于对英语的理解和使用,有益于加深对本国文化的理解与认识。对儿童文化意识的培养包括两个方面:一是文化知识的传授;二是跨文化意识的培养。在小学英语学习阶段,儿童应达到了解中外文化异同、拓展视野、具有对中外文化异同的敏感性和鉴别能力以及跨文化交际能力的目标。根据校本课程,教师可以提前一分钟播放一些英语歌曲、英语故事或英语卡通短片。此外,在校园里还可以通过宣传栏、英语小广播和班级英语角,让儿童有更多的机会接触英语,鼓励他们阅读更多地道的英语绘本,让他们在阅读时留心积累有关的文化背景、社会习俗等方面的知识,培养儿童的跨文化交际意识和能力。

3. 情感要素。情感态度是素质教育的一个层面,培养儿童对英语学习的积极情感,是英语教学的最终目的。英语课程不仅要发展儿童的语言知识和语言技能,而且有责任和义务培养儿童积极的情感态度。人类语言的重要功能之一就是促进人际交往,而人际交往不可避免地要涉及人的情感态度,情感态度又在很大程度上需要通过语言来表达和传递。因此学习语言和情感态度的培养是密不可分的。教师应注重引导儿童把兴趣转化为学习动机,促进其智能发展。激发和保持儿童对英语的兴趣,多设计小组活动和角色扮演。通过合作,让儿童敢想、敢讲,并乐于分享。

二、学科课程年级目标

依据《义务教育英语课程标准(2022 年版)》分级目标及我校校本课程的特色,特制定"原味英语"学科课程的年级目标,这里以三年级为例(见表 6-1)。

表 6-1　郑州市管城回族区外国语小学"原味英语"学科课程三年级目标

年级	上　学　期	下　学　期
三年级	**第 一 单 元** 1. 能听懂、会说与"问候、介绍、询问姓名并回答、告别"相关的句型及听说认读文具类的单词并能在情境中运用。 2. 能够按顺序说出 26 个字母并会唱字母歌。 3. 渗透爱惜文具、热爱学习的情感教育。 **第 二 单 元** 1. 能听懂、会说问候、介绍的句型及听说认读文具类的单词并能在情境中运用。 2. 能正确听说读写字母 Aa,Bb,Cc,Dd 并知道其在单词中的发音。 3. 学会问候他人,向他人介绍朋友。 **第 三 单 元** 1. 能听懂、会说"向别人介绍五官、询问别人近况并回答、建议别人做某事"相关的句型,能听说认读五官类的单词并能在情境中运用。 2. 能正确听说读写字母 Ee,Ff,Gg,Hh,Ii 并知道其在单词中的发音。 3. 培养保护眼睛和牙齿的意识。 **第 四 单 元** 1. 能听懂、会说"询问近处和远处不认识的动物(或其他事物)"相关句型,能听说认读五官类的单词并能在情境中运用。 2. 能正确听说读写字母 Jj,Kk,Ll,Mm,Nn 并知道其在单词中的发音。 3. 培养热爱动物、保护动物的意识。 **第 五 单 元** 1. 能听懂、会说"邀请他人(吃/喝)、表达想吃的食物及回答、表达感谢"相关的句型,能听说认读食物类的单词并能在情境中运用。	**第 一 单 元** 1. 能听懂、会说"向别人介绍自己的国籍或籍贯""询问他人的国籍或籍贯并对提问进行回答"的句型并在情境中运用。 2. 能听说认读国籍类和人称代词类的单词并能在情境中运用。 3. 能够正确说出元音字母 a 在单词中的短音发音,并能够根据其发音规律拼读学过的语音例词。 4. 学会与人沟通、交流个人信息;通过学习国家名称,了解中国和主要英语国家的国旗以及标志性的建筑物。 **第 二 单 元** 1. 能够听懂、会说"谈论远处的人物""向别人询问陌生人的身份并回答"相关句型,并认读"介绍家庭成员"的句型且能在情境中运用。 2. 能听说认读家庭成员类的单词并能在情境中运用。 3. 能够正确说出元音字母 e 在单词中的短音发音,并能够根据其发音规律拼读学过的语音例词。 4. 培养爱家、关爱家庭成员的情感。 **第 三 单 元** 1. 能够听懂、会说"描述动物外形、外貌特征"相关的句型,并能在图片、实物或情景的帮助下运用。 2. 能够听说认读描述动物外形、外貌特征的单词。 3. 能够正确说出元音字母 i 在单词中的短音发音,并能够根据其发音规律拼读学过的语音例词。 4. 具有热爱动物、保护动物的意识;不乱逗动物或乱投喂动物等。

年级	上　学　期	下　学　期
三年级	2. 能正确听说读写字母 Oo，Pp，Qq，Rr，Ss，Tt 并知道其在单词中的发音。 3. 能够比较中西方早餐的异同，了解中西方餐具和菜谱的不同。 **第 六 单 元** 1. 能听懂、会说"询问物品的数量并回答、询问他人年龄并回答"相关的句型，能听说认读数学类的单词并能在情境中运用。 2. 能正确听说读写字母 Oo，Pp，Qq，Rr，Ss，Tt 并知道其在单词中的发音。 3. 了解中西文化中谈论年龄话题的差异；了解不同国家的幸运数字。	**第 四 单 元** 1. 能够听懂、会说"询问物品位置并回答""由于不确定物品的位置而提问并回答"相关的句型，并能在图片、实物或情景的帮助下运用。 2. 能够听说认读 desk，chair，cap，ball，car，boat，map 和方位介词类的单词。 3. 能够正确说出元音字母 o 在单词中的短音发音，并能够根据其发音规律拼读学过的语音例词。 4. 养成自己收拾书包和文具的好习惯。 **第 五 单 元** 1. 能够听懂、会说"询问别人对水果的喜好并回答""表达对某物的好恶"相关的句型，并能在图片、实物或情景的帮助下运用。 2. 能够听说认读水果类的单词。 3. 能够正确说出元音字母 u 在单词中的短音发音，并能够根据其发音规律拼读学过的语音例词。 4. 知道水果对健康有益；初步了解名词复数的用法。 **第 六 单 元** 1. 能够听懂、会说"询问看到或拥有物品的数量并回答"相关的句型并能在图片、实物或情景的帮助下运用。 2. 能够听说认读 11—20 的单词。 3. 能够正确说出元音字母 a，e，i，o，u 在单词中的短音发音，并能够根据其发音规律拼读学过的语音例词。 4. 能够在教师的启发下，知道英文数字 13 至 19 以内的基数词构词规律。

第三节　依托活动　完善知识情境

　　《义务教育英语课程标准(2022年版)》指出:"积极开发与合理利用课程资源是有效实施英语课程的重要保证。英语课程资源包括教材及有利于学生学习和教师教学的其他教学材料、支持系统和教学环境,如音像资料、直观教具和实物、多媒体软件、广播影视节目、数字学习资源、报刊,以及图书馆、学校教学设施和教学环境;还包括人的资源,如学生、教师和家长的生活经历、情感体验和知识结构等。"①教师应充分认识和利用资源,有效激活已有知识和经验,激发儿童的想象力和创造力,引导其参与到课程资源的开发中,促进课程实施中的资源生成,开阔视野,拓展思维,激发学习兴趣,提升综合语言运用能力。

一、学科课程结构

　　《义务教育英语课程标准(2022年版)》指出:"义务教育英语课程体现工具性和人文性的统一,具有基础性、实践性和综合性特征。学习和运用英语有助于学生了解不同文化,比较文化异同,汲取文化精华,逐步形成跨文化沟通与交流的意识和能力,学会客观、理性看待世界,树立国际视野,涵养家国情怀,坚定文化自信,形成正确的世界观、人生观和价值观,为学生终身学习、适应未来社会发展奠定基础。"②根据我校英语学科课程理念,依据课程目标的相关要求,结合学校实际,我校从"原味视听""原味口语""原味阅读"和"原味习作"四个方面进行课程构建,形成"原味英语"特色课程结构。

　　各板块课程具体表述如下。

---

① 中华人民共和国教育部.义务教育英语课程标准(2022版)[S].北京:北京师范大学出版社,2022:72.

② 中华人民共和国教育部.义务教育英语课程标准(2022版)[S].北京:北京师范大学出版社,2022:1.

走进字母世界
走进自然拼读
鹅妈妈童谣
余英绕染
……

原味视听

七彩字母
单词银行
词海拾贝
妙笔生花
……

原味习作　原味英语　原味口语

拼读小能手
对话秀一秀
口语达人秀
小小歌唱家
……

原味阅读

尝试开口读
我放大声读
我会独立读
阅读大比拼
……

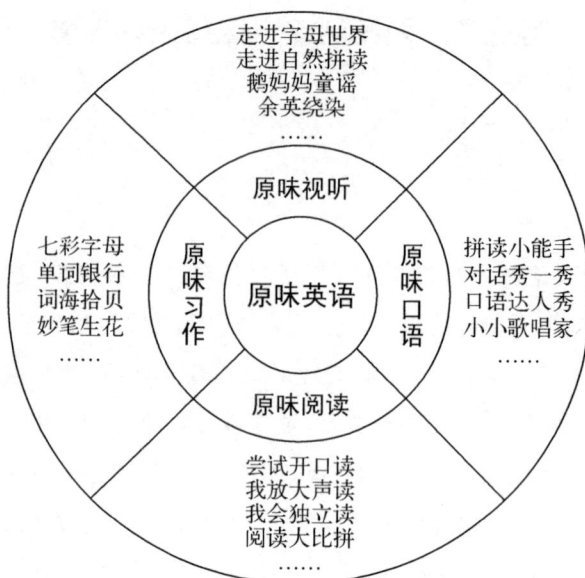

图 6-1　郑州市管城回族区外国语小学"原味英语"课程结构图

（一）原味视听

以听原汁原味的英语录音为宗旨。该课程内容主要为倾听教材中以及课外的英文歌曲、歌谣，欣赏英文原声故事、电影等活动。低学段通过多听并模仿英文歌谣，在"磨耳朵"过程中了解音节，培养语感；中学段通过欣赏并学唱经典英文歌曲，进一步激发其学习兴趣和表演热情；高学段通过欣赏英文原声故事、电影并进行配音，了解世界和中西方文化的差异，拓展视野，进一步培养英语语感及语篇意识。

（二）原味口语

以说原汁原味的英语为途径。引导儿童多读、多说，说出自信，说出风采，与同伴分享英语口语的乐趣。中低学段通过进行简单的动画片段以及英语原声电影的配音，激发其学习兴趣和表演热情的同时学习模仿纯正发音；高学段通过英语演讲、辩论、模拟联合国等活动，体验多样化的英语口语学习过程，形成英语口语交流的习惯和意识，热爱口语表达，逐渐形成英语综合表达的能力。

（三）原味阅读

以看原汁原味的英语绘本为内容。获得大量"浸泡"原味英语学习的机会；基于默读和朗读两种形式,将自然拼读与绘本阅读相结合,能够读得准确、读得流畅、读得悦耳。丰富的阅读资源、多样的阅读策略,帮助学生既了解了中外文化差异,又提升了阅读及理解的层次,拓展了学习的深度与广度,为实现"积小流而成江海,积跬步而至千里"的发展目标奠定了扎实基础。

(四)原味习作

以写原汁原味的英语文章为手段。写是运用语言文字进行表达和交流的途径。从写的姿势到握笔方式,从字母、单词、句子到短文的书写,打牢基础,循序渐进,有利于养成正确书写、规范书写的好习惯。通过在四线三格上正确、熟练、清晰地书写出字母和单词,运用所学词汇、语法和句型简单造句、回答问题、看图写话,有利于增强利用书写表达自己想法的兴趣、对英文表达美的体验以及学以致用的能力。

二、学科课程设置

《义务教育英语课程标准(2022 年版)》指出,义务教育阶段的英语课程力求能够发展语言能力、培育文化意识、提升思维品质和提高学习能力。基于英语教学中的综合考虑语言技能、语言知识、情感态度、学习策略和文化意识五个方面的课程目标,依据认知发展特点,遵循由易到难、由简到繁、由无意到有意的循序渐进原则,能够参与体验多样化、弹性化的活动,激发学习英语的兴趣与热情,促进认知能力的发展和提高。我校"原味英语"课程设置呈现立体式、多维度、全方位的特征,以年级为纵向,以学科课程为横向(见表 6-2)。

表 6-2　郑州市管城回族区外国语小学"原味英语"课程设置表

年级＼板块		原味视听	原味口语	原味阅读	原味习作
一年级	一上	走进字母世界——辨别字母名和音	拼读小能手——见词敢读	尝试开口读——丽声自然拼读绘本第一级	七彩字母——字母书写
	一下	走进自然拼读——元音探秘	拼读小能手——见词会读	我敢大声读——丽声自然拼读绘本第二级	七彩字母——听音写字母

年级\板块		原味视听	原味口语	原味阅读	原味习作
二年级	二上	走进自然拼读——辅音探秘	对话秀一秀——简单来问候	我会独立读——丽声自然拼读绘本第三级	单词银行——单词抄写
	二下	走进自然拼读——探索字母组合发音规律	对话秀一秀——互相介绍	阅读大比拼——丽声自然拼读绘本第四级	单词银行——听音写词
三年级	三上	鹅妈妈童谣——摇篮曲	童谣我来唱——每周一歌	智趣阅读——柯林斯英语绘本第三级	词海拾贝——看图写词
	三下	鹅妈妈童谣——游戏歌	童谣我来教——每周一教	智趣阅读——柯林斯英语绘本第三级	词海拾贝——单词归类
四年级	四上	鹅妈妈童谣——数字歌	口语达人秀——情景剧表演	智趣阅读——柯林斯英语绘本第四级	清词妙句——看图写句子
	四下	鹅妈妈童谣——生活歌	口语达人秀——看图讲故事	智趣阅读——柯林斯英语绘本第四级	清词妙句——创意手抄报
五年级	五上	余音绕梁——学唱英文歌	小小歌唱家——英文歌大赛	用英语讲中国故事——中国人物	我写我秀——提纲我会写
	五下	余音绕梁——学唱英文歌	英语脱口秀——演讲我能行	用英语讲中国故事——中国习俗	我写我秀——美文来仿写
六年级	六上	声临其境——看电影学英语	模拟辩论赛	用英语讲中国故事——中国成就	妙笔生花——美文我来写
	六下	声临其境——看电影学英语	模拟辩论赛	用英语讲中国故事——中国精神	妙笔生花——续编我能行

三、学科课程内容

《义务教育英语课程标准(2022年版)》指出:"语言能力指运用语言和非语言

知识以及各种策略,参与特定情境下相关主题的语言活动时表现出来的语言理解和表达能力。英语语言能力的提高有助于学生提升文化意识、思维品质和学习能力,发展跨文化沟通与交流的能力。"①依据课标的要求,根据英语学习认知规律、知识背景和活动经验,我们设置了系统的课程内容(见表6-3)。

表6-3 郑州市管城回族区外国语小学"原味英语"课程内容设置表

年级	学期	课 程 名 称	学 习 目 标	学 习 要 点
一年级	第一学期	走进字母世界——辨别字母名和音	1. 能认读26个英文字母的大小写。 2. 能读准26个英文字母。 3. 掌握26个英文字母的常见发音。	1. 音素、音标初相认。 2. 字母名称能读准。 3. 字母发音能掌握。
		拼读小能手——见词敢读	能结合所学字母和字母音,简单地尝试单音节词的拼读。	1. 单词拆分对抗赛。 2. 音节拼读我在行。
		尝试开口读——丽声自然拼读绘本第一级	能利用已学自然拼读知识,尝试读简单的绘本。	英语绘本我来读。
		七彩字母——字母书写	能准确书写26个英文字母的大小写。	字母书写大比拼。
	第二学期	走进自然拼读——元音探秘	1. 掌握5个元音字母的发音。 2. 掌握长元音的音形对应规则。	1. 字母发音初感知。 2. 元音发音我来练。 3. 发音规律我掌握。
		拼读小能手——见词会读	能认读简单的单音节单词。	1. 高频词汇初识读。 2. 单音节词拼读赛。
		我敢大声读——丽声自然拼读绘本第二级	能利用已学自然拼读知识,能读简单的绘本。	1. 观察图片,独立阅读。 2. 跟读音频,研读绘本。 3. 创设舞台,绘本朗读。

---

① 中华人民共和国教育部.义务教育英语课程标准(2022版)[S].北京:北京师范大学出版社,2022:4.

年级	学期	课程名称	学习目标	学习要点
一年级	第二学期	七彩字母——听音写字母	1. 能默写 26 个英文字母的大小写。 2. 能根据字母音写出相对应的字母。	英文字母听读赛。
二年级	第一学期	走进自然拼读——辅音探秘	掌握 21 个辅音字母的发音。	1. 辅音字母初感知。 2. 辅音发音我练习。 3. 辅音字母趣味读。
		对话秀一秀——简单来问候	1. 能根据录音模仿对话。 2. 能相互致以简单的问候。	1. 歌曲导入引主题。 2. 录音模仿练发音。 3. 情景模拟展对话。
		我会独立读——丽声自然拼读绘本第三级	能利用所学的自然拼读知识,自己独立朗读简单的绘本。	1. 观察图片,独立阅读。 2. 跟读音频,研读绘本。 3. 创设舞台,绘本朗读。
		单词银行——单词抄写	能正确规范地抄写单词。	单词书写大比拼。
	第二学期	走进自然拼读——探索字母组合发音规律	1. 掌握常见的字母组合的发音。 2. 通过学习双音节单词或多音节单词中辅音和元音的组合,会进行简单的拼读训练。	1. 字母组合发音初感知。 2. 字母组合发音我来读。 3. 简单单词趣味拼读练。
		对话秀一秀——互相介绍	能通过简单的对话,相互交流简单的个人信息,如姓名、年龄等。	1. 情景设置引对话。 2. 角色扮演分组练。 3. 英语对话我来秀。
		阅读大比拼——丽声自然拼读绘本第四级	能利用所学的自然拼读知识,自己独立朗读简单的绘本。	1. 观察图片,独立阅读。 2. 跟读音频,研读绘本。 3. 创设舞台,绘本朗读。
		单词银行——听音写词	能利用所学的自然拼读知识,做到听音能写。	听音写词大比拼。

年级	学期	课　程　名　称	学　习　目　标	学　习　要　点
三年级	第一学期	鹅妈妈童谣——摇篮曲	通过反复视听,磨好耳朵,能大概理解简单的童谣。	1. 英语歌谣初感知。 2. 英语歌谣我来练。 3. 韵律活动我能行。
		童谣我来唱——每周一歌	通过反复听《鹅妈妈童谣》,能自己独立说唱。	1. 英语歌谣我能唱。 2. 歌谣创编分组展。
		智趣阅读——柯林斯英语绘本第三级	通过所学词汇句型,能自己独立朗读简单的绘本故事,培养阅读兴趣。	1. 英语绘本我跟读。 2. 英语绘本分组读。 3. 绘本内容多样展。
		词海拾贝——看图写词	能结合图片,写出相对应的单词。	单词书写小达人。
	第二学期	鹅妈妈童谣——游戏歌	通过反复视听,磨好耳朵,能大概理解并能跟读简单的童谣。	1. 趣味游戏引歌谣。 2. 英语歌谣我来练。 3. 韵律节拍我来数。
		童谣我来教——每周一教	把自己已经学会的童谣,教给其他人,培养英语学习的兴趣。	1. 英语歌谣大声唱。 2. 英语歌谣我来教。
		智趣阅读——柯林斯英语绘本第三级	通过所学词汇句型,能自己独立朗读简单的绘本故事,培养阅读兴趣。	1. 英语绘本我朗读。 2. 绘本内容仔细读。 3. 绘本成果我展示。
		词海拾贝——单词归类	能迅速认读并写出已学单词,并能将所学词汇进行归类。	争做词汇小达人。
四年级	第一学期	鹅妈妈童谣——数字歌	儿童之间可以接龙唱出数字歌,调动学习兴趣。	1. 英语数字引歌谣。 2. 数字歌谣接力赛。 3. 一展歌喉我能行。
		口语达人秀——情景剧表演	能根据主题故事,表演简单的英语短剧。	1. 设置情境寻主题。 2. 主题故事分组创。 3. 英语短剧我来演。

年级	学期	课程名称	学习目标	学习要点
四年级	第一学期	智趣阅读——柯林斯英语绘本第四级	能在视频和图片的正确引导下阅读故事,并表演。	1. 英语绘本我跟读。 2. 绘本内容我复述。 3. 绘本成果我表演。
		清词妙句——看图写句子	能根据图片正确说出单词,并简单造句。	1. 单词图片我来认。 2. 英语造句大比拼。
	第二学期	鹅妈妈童谣——生活歌	边做边唱,或一人唱一人演,唱演结合,通过日常生活碎片渗透英语学习。	1. 英语歌谣齐声唱。 2. 分组比赛我唱演。
		口语达人秀——看图讲故事	根据图片,简单说出每幅图的内容。	1. 展示图片,分组讨论。 2. 根据图片,讲演故事。
		智趣阅读——柯林斯英语绘本第四级	能在老师的引导下,听说读演故事,并会讲。	1. 绘本故事我朗读。 2. 故事内容小组演。
		清词妙句——创意手抄报	能够根据柯林斯绘本主题故事,运用所学知识绘制图文并茂的手抄报。	1. 根据绘本,选定主题。 2. 小组合作,构建框架。 3. 清词妙句,成果展览。
五年级	第一学期	余音绕梁——学唱英文歌	通过视频、音乐等素材,能从跟唱到演唱。	1. 英语歌曲能跟唱。 2. 分组练习把歌唱。 3. 个人展演我最棒。
		小小歌唱家——英文歌大赛	通过歌唱比赛,锻炼舞台自信,展示所学歌曲。	打造歌唱舞台,展示英语歌曲。
		用英语讲中国故事——中国人物	介绍历史人物的事迹,了解中国人文精神,增进对中国文化的亲近感。	1. 故事导入引主题。 2. 历史人物我还原。 3. 人文精神我弘扬。
		我写我秀——提纲我会写	根据所学年级主题内容,初步掌握写作框架。	1. 选定主题,初步认知。 2. 结合主题,提炼框架。 3. 我写我秀,挈领提纲。
	第二学期	余音绕梁——学唱英文歌	通过视频、音乐等素材,能从跟唱到演唱,有表演合唱、锻炼声乐和协作能力。	1. 观看视频,跟唱歌谣。 2. 分组练习,合唱表演。

年级	学期	课程名称	学习目标	学习要点
五年级	第二学期	英语脱口秀——演讲我能行	通过演讲激发英语学习能力,能敢说敢用英语。	1. 结合自身,选定脱口秀内容。 2. 观看视频,模仿语音和语调。 3. 开展比赛,争做脱口秀达人。
		用英语讲中国故事——中国习俗	介绍中国习俗,深入了解中国民俗习惯,增进对中国文化的认同感。	1. 图片展示引主题。 2. 习俗文化我来讲。 3. 争做文化传承人。
		我写我秀——美文来仿写	通过范文展示,习得写作要点,能逐一描述。	1. 范文展示,习得要点。 2. 分组讨论,逐一描述。 3. 我写我秀,仿写美文。
六年级	第一学期	声临其境——看电影学英语	通过纯英语影片帮助把握语音语调学习,对其中片段进行配音,提升口语能力。	1. 英语电影我来观。 2. 英语电影趣配音。 3. 争做配音小达人。
		模拟辩论赛	通过辩论赛,增强学习英语的兴趣,促进他们团结协作。	1. 分组讨论引主题。 2. 情景模拟辩论赛。 3. 争做最佳辩论团。
		用英语讲中国故事——中国成就	通过介绍一个个真实的中国发展成就历程,树立正确的人生价值观,能用英语传播中国文化正能量。	1. 视频展示引主题。 2. 成就历程我来讲。 3. 中华文化共传承。
		妙笔生花——美文我来写	会运用简单语法点、时态写出正确的句型结构,意思表达完整即可。	1. 根据兴趣,敲定主题。 2. 搜集资料,构思行文。 3. 妙笔生花,书写美文。
	第二学期	声临其境——看电影学英语	通过纯英语影片,能模仿、扮演角色配音,提升英语口语表达能力。	1. 英语电影我欣赏。 2. 角色配音分组练。 3. 英语电影我演绎。

年级	学期	课程名称	学习目标	学习要点
六年级	第二学期	模拟辩论赛	通过辩论赛,增强英语思维能力,提升语言组织能力。	1. 设置情境引主题。 2. 分组模拟辩论赛。 3. 争做最佳辩论手。
		用英语讲中国故事——中国精神	介绍中国国情及治国理念,在阅读之后,能对外用英语推介中国。	1. 中国故事双语展演。 2. 用英语讲中国故事大比拼。
		妙笔生花——续编我能行	根据范文情景发展,延展续写内容,拓展思维空间,创造新的想象力,激发求知欲和学习潜能。	1. 头脑风暴,选定主题。 2. 分组讨论,扩展内容。 3. 妙笔生花,续编范文。

第四节 借助评价 构建思维模式

《义务教育英语课程标准(2022年版)》中提出实施建议:坚持育人为本;加强单元教学的整体性;深入开展语篇研读;秉持英语学习活动观组织和实施教学;引导学生乐学善学;推动"教—学—评"一体化设计与实施;提升信息技术使用效益。① 因此我校"原味课堂""原味社团""原味阅读""原味活动""原味节日"的实施与评价,旨在培养英语综合语言运用能力,满足儿童的多元化学习需求,为每个儿童提供适合自身发展的平台,扩展发展空间。

一、建构"原味课堂",提升语言能力

"原味课堂"以给儿童提供丰富的内容,设计合理的教学活动为原则,能够满足不同个性的多样需求,是把英语语言知识的学习与英语语言技能的训练有机结合到一起的课堂。

(一)"原味课堂"的内涵

"原味课堂"是以激发儿童学习英语的兴趣和培养儿童形成良好的学习习惯为核心,突出语言知识输入的实践过程和语言能力形成的体验过程的课堂。主要遵循"面向全体、生动活泼、适时适度"三大基本要求来指导操作。

"原味课堂"是面向全体的课堂。"原味课堂"面向全体儿童,设计适合各层次儿童的活动;重视儿童的感情:用儿童的眼光、心理来思考课堂、设计课堂;挖掘儿童的语言,让他们畅所欲言;激发儿童的兴趣,让儿童安全、放松地走进课堂;关注儿童的学习过程,让儿童真正喜欢英语;总结儿童的学习结果,注重评价的方式,少用终结性评价,多用过程性评价。

"原味课堂"是生动活泼的课堂。"原味课堂"结合儿童的兴趣、特长及年龄等

---

① 中华人民共和国教育部.义务教育英语课程标准(2022版)[S].北京:北京师范大学出版社,2022:47-52.

特点,进行内容和形式的综合设计,营造一种轻松活跃的课堂氛围,并激发儿童的积极性和创造性,让儿童能够根据自身情况自主学习并获得自我提升。采用直观教具,巧设情境,如玩偶、食物等;运用多媒体,营造情境,如利用 PPT 展示超市购物场景等;巧编故事,创设情境,如白雪公主的故事延伸等;巧设游戏,激活情境,如以"一起来猜他是谁"等多种方式调动儿童学习积极性。

"原味课堂"是适时适度的课堂。随着儿童年龄不断地增长,一些知识游戏对于儿童会失去原有的吸引力,老师从儿童的生理和心理特点出发,设计与生活贴近的任务型教学(如中高年级学段),比如带有任务和竞争性质的游戏,让儿童在游戏中快乐学英语。

(二)"原味课堂"的实施

"原味课堂"在具体实施过程中,需要设计丰富多彩的课堂活动来培养儿童学习的热情,调动每一位儿童的学习积极性,使他们在玩中学、做中学、画中学、唱中学。让儿童通过听听、说说、做做、摸摸、唱唱、玩玩、演演等方式来学习,用亲切的微笑、眼神、语言以及游戏、比赛等鼓励儿童积极参与、大胆表达,使儿童在宽松、民主、愉快的气氛中发展听、说、读、写的综合语言技能和良好的学习习惯。实施过程中需注意以下几点:

1. 面向全体儿童。原味英语课堂坚持以儿童为本,面向全体儿童,关注个体差异,优化课堂教学,提高教学效率,为儿童的全面发展打下良好基础。

2. 重视语言实践。原味课堂组织多种形式的课堂互动,鼓励儿童通过观察、模仿、体验、探究、展示等方式学习和运用英语。

3. 加强策略指导。根据儿童的认知特点和学习风格,整体安排学习策略的发展目标,有计划、有步骤地指导儿童发展具体的学习策略,把儿童培养成自主的学习者。

4. 整合学习内容。在教学中,教师根据教学的需要对学习内容进行适当的整合,提高儿童的学习效率,拓宽儿童的学习渠道。

5. 提高专业水平。教师的专业化水平是有效实施原味课堂的关键。在课程实施的过程中,教师应不断加深对课程理念和课程目标的理解与认识,充分吸收和继承各种方法的可取之处。

(三)"原味课堂"的评价

"原味课堂"的评价,以教学目标、教学内容组织、教学实施、学生状态、教师素养、个性与特色六大维度为标准，分别予以四个等级的评价，具体评价见表6-4。

表6-4　郑州市管城回族区外国语小学英语评课表

评价项目	评　价　要　点	分值	得分	小计
教学目标 确定(8分)	符合课程标准的要求，符合认知规律和班级实际。	4		
	教学设计关注语言能力、学习能力、思维品格和文化意识。	4		
教学内容 组织(20分)	准确把握教材的内容结构，体现教学内容的科学性、准确性和逻辑性。	5		
	注重知识的内在联系，内容呈现方式有利于学习。	5		
	教学容量合理，准确无误地挖掘教材内涵，实现情感与态度、知识与技能、过程与方法的同步提高。	5		
	以教材为基本线索，合理利用生活资源，做好教学内容的适当延伸。	5		
教学实施 (40分)	课堂教学程序安排恰当，时间分配合理，环节过渡自然，自主学习得到充分体现。	5		
	创设合理适时的情境，有浓厚的学习兴趣，积极主动地投入到学习活动中去。	5		
	有一定的自主学习的时间和空间，能在不断的交流、合作和对话中，经历知识形成的过程，不断地对知识进行体验和探究。	5		
	关注每个儿童的发展，分层教学，分类指导，尊重对问题的不同理解。	5		
	结合课题研究，注重教法的研究和学法的指导，注重能力和素养的培养。	5		
	科学安排课堂练习，练习内容有针对性、层次性和挑战性。练习的形式适度发散，具有开放性。	5		
	教师积极评价学习过程，激发主体意识，使其获得成功体验，有利于提高儿童学习积极性。	5		
	综合使用学具、教具、现代教育技术等各种教学媒体，实效性强，做到媒体与学科教学内容的有机整合。	5		

评价项目	评　价　要　点	分值	得分	小计
学生状态 (18分)	思维活跃,学得轻松愉快,全体得到较好发展。	6		
	善于思考,勇于提出问题,有独到见解和感受。	6		
	对知识技能的掌握符合课标的要求,学习成效好。	6		
教师素养 (10分)	仪表端庄,充满激情,举止得当。	2		
	态度和蔼,师生平等相处,尊重、爱护每一个儿童。	2		
	教学方法和手段使用恰当,突出引导性和启发性;实验操作规范,媒体使用熟练。	3		
	基本功扎实,语言规范准确,生动形象,逻辑严谨,板书布局合理,重点突出;课堂应变、调控能力强。	3		
个性与特色 (4分)	教学在某些方面有突出的特色(如灵活的教学机制、教师的感召力、练习设计、教学方法、手段的运用艺术等)。	4		

二、创建"原味社团",丰富学习内容

"原味社团"是课堂教学的补充和延伸,旨在培养对英语的兴趣、爱好,增长知识、提高技能。丰富的课余文化生活,与课堂教学相比更具灵活性、可塑性,因而能让儿童非常乐意参加。我校会根据学校的具体情况有计划、有目的地开展社团,重视教学质量,调动积极性,努力把英语社团活动搞得有声有色,给爱好英语的同学一个良好的学习环境。

(一)"原味社团"的内涵

"原味社团"的创建给儿童提供了除课堂以外一个更真实的学习交流环境,创造一种优越的语言氛围,进一步激发儿童学习英语的兴趣,培养儿童的跨文化意识,提升英语综合运用能力,帮助儿童形成有效的学习策略,养成良好的学习习惯,丰富儿童的课余生活,从而进一步丰富已有的英语课程。

"原味社团"也进一步增加了教师与儿童之间相互了解的机会,有利于

师生间建立和谐的师生关系,有利于教师掌握英语使用的能力水平,这也为教师进行因材施教开辟了一条更加有效的途径。另外,社团多是教师作为指导者,这样开展的社团能够更好地照顾到智力、能力以及个性心理特征的差异,为每一个儿童提供展示自己才能的机会,能够更好地培养他们的团队合作精神。

(二)"原味社团"的实施

1. 英语绘本社团。英语绘本提供了学习英语的真实语境、丰富词汇及句式。儿童在社团中看绘本、听绘本、读绘本、演绘本、编绘本,了解英语的基本知识,关注自身情感体验,提升多种思维能力,从而提高综合语言运用能力。

2. 英语戏剧社团。为了给儿童提供良好的语言训练环境,激发儿童学习英语的热情,学校成立原味英语戏剧社团。社团以"传承历史文化,陶冶道德情操"为宗旨,为热爱英语戏剧表演、剧本创作的儿童提供广阔的舞台。社团活动主要以社团成员练习英语舞台表演和自创剧本、自编、自导为主,定期召开交流会,使大家能有英文舞台表演和剧本编导的经验与体会,为儿童搭建了一个展示英语才华的平台。

3. 英语电影社团。通过赏析经典英语电影作品,让儿童领悟到丰富而真实的英语语言精华,从而调动他们学习英语的兴趣,提高其英语学习水平,有益于听力和口语的提高。同时引导儿童通过英语电影了解西方文化,在提高英语语言水平的同时加深对西方电影和社会文化的了解,拓展视野,提高人文素养,提高审美鉴赏水平,培养积极向上的人生观和价值观。

4. 英文童谣社团。精选英文童谣、儿歌和儿童现代诗歌,让儿童在原汁原味的诵读和歌唱中记忆词汇与语法,突出重点,突破难点,形成良好的语感。老师精选优美的英文歌曲,带领儿童进行歌唱和鉴赏,让儿童在愉悦的氛围中感受美的旋律,学习美的语言。

(三)"原味社团"的评价

"原味社团"的评价应全面性、系统性,应按照动态生成、真实情境、多元评价、尊重差异、注重过程、关联结果的基本取向开展评价工作。具体评价见表6-5。

表6-5 郑州市管城回族区外国语小学"原味社团"评价表

评价内容	评 价 标 准	评价方式	得 分	
			自评	督评
活动规划 (30分)	社团有规范、健全的组织机构,有活动场所。有社团章程和管理制度,社团指导教师能够指导社团建设。(10分)	访谈、查阅资料		
	活动前有计划,活动后有记录,活动主题、内容、形式有创新。(10分)	访谈、查阅资料		
	社团活动计划合理周密详实可行,每次社团活动有备课,每次备课中内容详实并有系列性,每次社团活动有书面总结、反思。(10分)	查阅相关资料以及教案		
活动实施 (40分)	社团活动常态化、规范化,每学期活动不少于15个课时,过程性资料详实。(20分)	查阅资料、访谈		
	每学期能组织一次展示活动,并向学校考核组开放,活动有条不紊,活动时间安排合理,能成功地完成活动,达到预期效果。活动的气氛热烈,社员热情参与,通力合作。(20分)	查阅资料		
活动评价 (30分)	活动有一定影响,有报道。市级、省级相关报道每篇对应加10、15分。(15分)	访谈、查阅资料		
	积极参加本社团组织的各项活动,并积极参加各级比赛,取得荣誉表彰。(15分)	访谈、查阅资料		

三、聚焦"原味阅读",建立阅读习惯

"原味阅读"聚焦于练就和提升扎实的听、说、读、写的综合能力。"少成若天性,习惯如自然。"良好的阅读习惯可以达到事半功倍的效果。习惯是一种顽强而巨大的力量,它能够主宰人生。因此,建立一种良好的阅读习惯有利于英语学习。

（一）"原味阅读"的内涵

"原味阅读"以柯林斯英语绘本为载体进行分级阅读。英语绘本是一种内容丰富的课程资源,绘本语言具有形象性、复现性及简洁性特点。以英语绘本为载

体进行分级阅读,能直观、深入地感知绘本内容,学习绘本语言,感受文化内涵,获得情感体验。可以说,英语绘本教学是种有生命的教学。以柯林斯英语绘本为载体的"原味阅读",其内涵与意义主要表现为以下三个方面:

"原味阅读"能激发兴趣。绘本具有图文并茂的特点。绘本文字通常关注"行动与对话"内容,简洁明了;图画关注"描述性"内容,且要求借助视觉图像,用最直观的图画来展现图与图之间独特的叙事关系,使儿童能从中获得"读图"乐趣。绘本选取了各种贴近生活实际、自然愉快又令人感兴趣的故事呈现给读者。在柯林斯英语绘本为载体的"原味阅读"中,边阅读绘本边学知识,能最大限度地感受到学习的乐趣。

"原味阅读"能丰富各方面的知识。根据教材内容,巧妙运用绘本故事,带领儿童在统整文本语境中学习,能达到事半功倍的效果。优质绘本大多会揭示一定主旨,将绘本融入教学,能帮助儿童在故事情节中进一步了解身边世界,获得生活共情。绘本故事包罗万象,其内容从生活常识、天文、历史、地理到科学想象剖析,不一而足。因此以柯林斯英语绘本为载体的"原味阅读"可以进一步拓宽知识面,渗透价值认识、情感熏陶与行为习惯培养。

"原味阅读"能促进思维品质的发展。英语绘本不仅能够提供真实语言情境,协助发展儿童语言能力,还能有效促进思维能力发展。绘本提供的思维空间很大,透过文字与画面,根据绘本整体情境,能对故事情节展开丰富想象,进行合理推测。因此以柯林斯英语绘本为载体的"原味阅读"可以发展逻辑思考与预测推理等能力。

(二)"原味阅读"的实施

1. 创意绘本活动。让儿童构思、设计、编排,从"做一本书"去认识书,爱上书,养成良好的读书习惯。比如在故事中挑选最让人感兴趣或者最滑稽的部分,将故事的主要情节画出来;给故事画一张地图,每张图片的地点具有代表性,能够将故事串联起来,从而整理出故事的情节链,制作成绘本。

2. 英语故事汇。故事内容健康、格调清新、明朗,充分体现积极进取、健康向上的精神风貌。故事取材要符合儿童年龄特征和心理特点,可以是童话故事、民间故事、启智故事等内容,可以尝试有创意的表演形式。该活动激发儿童课外阅读的兴趣,提高儿童的口语表达与演讲能力,提升儿童的综合素养,提高英语阅读的兴趣及英语语言的欣赏水平,体验英语口语表达的乐趣。

3. 英语手抄报活动。英语手抄报集美术绘画、英语书写、资料收集于一体,突破学科限制,展示儿童运用英语的能力和实践能力。活动还能激发儿童合作意识、鉴赏意识、竞争意识。此外,以手抄报的形式呈现,也反映了其对于阅读的理解和收获。

4. 英语情景剧活动。儿童参赛的剧本是其所认识的或感兴趣的。表演要求语音清晰准确、情感丰富、表情达意、仪表得体大方具有感染力。从剧本内容、口语表达和动作表演等多方面综合评分。可在表演的形式上有所创新,可播放背景音乐,以创造良好的欣赏情境,获取良好的艺术效果。通过活动,激发儿童学习英语的热情,使儿童能够运用英语表达故事,鼓励儿童大胆地表现自己。

同时,"原味阅读"在实施过程中从听、说、读、写四个方面来练就和提升英语学习能力并培养良好的学习习惯。

(三)"原味阅读"的评价

"原味阅读"在实施评价过程中,学校会定期举行英语图书角、文化墙评比、英语书签评比、低年级英语讲故事比赛、中年级手抄报、高年级英语诗配画比赛和开放日评比等活动,针对表演优秀的儿童和班级给予奖励。具体评价见表6-6。

表6-6 郑州市管城回族区外国语小学"原味阅读"评价表

评价项目	评 价 要 点	得 分
阅读目标 (15分)	1. 根据原味阅读实施要求,制定明确、具体的阅读目标。	
	2. 符合儿童已有的阅读经验和发展特点。	
	3. 促进儿童形成阅读习惯。	
	4. 培养儿童的阅读能力。	
阅读内容 (15分)	1. 与原味阅读要求相符合。	
	2. 贴近儿童的生活,符合儿童的认知特点。	
	3. 重视阅读活动的层次和逻辑。	
	4. 激发阅读兴趣,符合发展需要。	

评价项目	评　价　要　点	得　分
阅读组织 （10分）	1. 创设和谐宽松的阅读环境。	
	2. 挖掘多种阅读资源，拓展阅读空间。	
	3. 灵活组织多种自主阅读活动，调动儿童的阅读主动性。	
	4. 积极开展集体阅读教育活动。	
阅读过程 （30分）	1. 围绕目标组织阅读活动。	
	2. 活动过程安排合理。	
	3. 突出各年龄段的阅读特点。	
	4. 注重儿童的阅读体验并进行及时的阅读指导。	
	5. 在阅读活动中获得学习和生活经验。	
阅读效果 （30分）	1. 对阅读活动感兴趣，积极主动参与，敢于表达和表现。	
	2. 通过阅读形成正确的人生观和价值观。	
	3. 建立人与人、人与社会、人与自然的正确观念。	
	4. 通过阅读增强对多元文化的理解，对本族文化的认同。	
	5. 提高学科素养，达到教学延展的目的。	

　　原味阅读活动以"画面""文字""知识"为抓手，引领儿童走进英语阅读的大门。通过英语阅读，培养良好的阅读习惯，增加对英语学习的兴趣和自信心，不断提升语言应用能力。

四、开展"原味活动"，加深英语课程氛围

　　"原味活动"以"实践中体验语言，活动中提升语言，娱乐中热爱语言"为原则，让儿童走出课堂，在活动中、游戏中、比赛中展示说英语、运用英语的能力；给儿童提供一个学习英语、运用英语的环境；培养儿童的合作、创新精神，达到学以致用的目的。学校每年会举办一次"英语达人秀"，让儿童走出课堂，运用日常所学，用

英语进行交流、表达和展示。

（一）"原味活动"的内涵

"原味活动"为创造良好的语言运用环境，通过开展各种有意义的英语活动以提供大量的语言交际机会。"原味活动"以多样化活动的开展作为载体，更好地贯彻交际性原则，弥补课堂英语教学的缺陷。此外，"原味活动"可以通过英语活动接触大量的知识，帮助儿童在实践中提高使用语言的能力，并且能够保持他们学习英语的乐趣。我校的"原味活动"主要为"英语达人秀"和"模拟联合国"。

（二）"原味活动"的实施

"英语达人秀"是儿童非常喜欢和期盼的一项英语活动。本活动不仅仅丰富了校园文化，更是儿童英语学习的展示、评价和激励。演出形式可以单人也可成团表演，类型涵盖英语趣配音、英语脱口秀、英文舞台剧、英文歌曲、英语演讲等。儿童在准备、筛选、排练、展演的过程中，能将日常所学知识和技能进行整理、总结、巩固、提升，并学为所用。

"模拟联合国"社团简称"MUN"，即模仿联合国及相关的国际机构，依据其运作方式和议事原则，围绕国际上的热点问题召开会议。儿童扮演不同国家的外交官，作为各国代表，参与到"联合国会议"当中。代表们遵循大会规则，在会议主席团的主持下，通过演讲阐述"自己国家"的观点，为了"自己国家"的利益进行辩论、游说，他们沟通协作，解决冲突；他们讨论决议草案，促进国际合作；他们在"联合国"的舞台上，充分发挥自己的才能。同时，模拟联合国活动是一种互动性极强的学习经历，儿童不仅能够学习和讨论国际事务，还能够通过实践来锻炼自己组织、策划、管理的能力，研究和写作的能力，演讲和辩论的能力，解决冲突、求同存异的能力，与他人沟通交往等多方面能力。

（三）"原味活动"的评价

"原味活动"会结合具体内容进行有效的评价，关注到儿童综合语运用能力的发展、提升以及学习的效果，是形成性评价与终结性评价相结合的体现。具体评价见表6-7。

表 6-7　郑州市管城回族区外国语小学"原味活动"评价表

评价项目	评价要点	权重	评 价 标 准	得分
活动目标	目标明确	5	符合英语课程标准要求。	
	切合实际	5	创设贴近生活的语言情境,丰富阅读体验。	
活动内容	内容丰盈	5	拓宽英语阅读渠道,引入多种信息,运用多种知识。	
	内容实用	5	选用容量适当,难易得当的分级读物。	
活动方式	组织形式	5	活动的组织形式符合儿童语言发展规律。	
	活动方法	5	根据英语学习的活动观,设计多样式、多级别的项目式活动。	
	指导方法	5	指导适量,方法得当。	
活动过程	活动要素	18	活动方案详实,活动组织得力,具有安全性。	
	活动步骤	12	活动步骤详实,具有逻辑性,过程紧凑、张弛有度。	
活动效果	自主性	10	活动充分体现自主性,能参与整个活动的方案筹备、活动过程和活动评价各个环节。	
	能动性	15	参与面广,参与活动过程中积极表现自己。	
	创造性	10	活动方法多样,有相应的活动成果。	

五、举办"原味文化节",发展跨文化交际能力

"原味文化节"让儿童在活动中、游戏中、比赛中展示说英语、运用英语的能力;提供一个学习英语、运用英语的环境;培养儿童的合作、创新精神,达到学以致用的目的。

(一)"原味文化节"的内涵

"原味文化节"可以让儿童感知丰富多彩的国际文化,认识各地风土人情,借助活动打开探索和求知的心门,激发阅览天下的兴趣,在探究和阅读中插上

飞得更高的翅膀。学校在成功举办了三届国际文化节的基础上,举办第四届国际文化节——丝路花语,以此为平台开展国际理解教育,开阔儿童国际视野。

(二)"原味文化节"的实施

全校师生围绕"原味文化节"的主题。每班以一个国家或地区作为研究对象,通过阅读相关书籍、网络查找相关资料、家校共同参与等方式,从历史地理、风土人情、传统习俗、生活方式、文学艺术等不同文化层面,做好专题研究和资料整理,并通过"管外国际文化节"开放日进行展示和交流。

1. 宣传动员,确认研究主题。通过全体教师会、升旗仪式向全校师生介绍国际文化节,激发师生参与热情;采取自选与指定相结合的方式,每班选定一个研究主题。

2. 开展研究。儿童、家长、教师共同参与班级项目的研究;通过阅读、查找资料、探访等方式开展项目研究;寻找身边的国际友人和各国文化;介绍"我的文化之旅";每班至少制作一份各班项目的PPT和讲稿,每位儿童至少选择制作手抄报、海报、手工、绘画等其中的一项,利用多种形式展示班级研究过程及成果。

3. 交流分享。班级、年级、学校交流;组建儿童、家长、教师观察团,开展我最喜欢的主题班级、我最喜爱的展品、最佳讲解员等评选活动;开展文化节征文比赛。

4. 成果展示。各班按照研究主题布置教室;每班制作一个校园展板;筹备世界美食大会;创作含有文化节元素的美术作品。

5. 国际文化开放日。组织儿童及家长到校参观;进行文化节节目展演;家长和儿童共同评选"我最喜欢的主题班级";举办世界美食大会。

6. 总结阶段。全程动态收集资料、作品,建设国际理解教育课程,收集教学资料、家校互动资料,并将资料编写成册。

(三)"原味文化节"的评价

"原味文化节"的评价从主题确定、活动目标、研究内容、活动实施等方面对班级进行评价,具体评价见表6-8。

表 6-8 郑州市管城区外国语小学"原味文化节"评价表

评价项目	评 价 内 容	得 分
主题确定 （10 分）	主题鲜明,具有时代特点和教育意义。	
活动目标 （20 分）	目标明确,培养儿童的国际理解和家国情怀。	
	活动设置科学、可行,具有层次性。	
	儿童自主进行项目式研究。	
	班级积极进行集体探究,有合作意识。	
	家庭能共同参与文化节的活动。	
研究内容 （30 分）	儿童、家长、教师共同参与班级项目的研究。	
	通过阅读书籍、查找资料、探访等方式开展项目研究。	
	寻找身边的国际友人朋友和各国文化;介绍"我的文化之旅"。	
	每班至少制作一份各班项目的 PPT 和讲稿,每位同学至少 选择制作手抄报、海报、手工、绘画等其中的一项。	
	利用多种形式展示班级研究过程及成果。内容具体,准备 充分,适合学习,资源丰盈,形式多样。	
活动实施 （40 分）	积极开展研究,儿童、家长、教师能共同参与班级项目的 研究。	
	广泛交流分享。班级、年级、学校共同开展交流。	
	开展文化节评选活动。	
	成果展示有特色。	
	国际文化节开放日活动有组织、有特色。	
	全程动态资料收集、作品收集、教学资料收集,家校互动资 料收集。	

从主题的确定到活动的实施,以及对"原味文化节"的活动效果进行评价,能
够更好地关注到儿童对英语的实际运用能力和探究问题的能力,掌握探寻和解决

问题的方法,使他们真正地学到知识。

综上所述,"原味英语"课堂之美在于灵动、真实。英语学科作为语言学科,其交际性、互动性和语用性的特点明显。在小学英语学科教学过程中,"原味英语"是一种非常有效的方法,通过原味视听、原味表达、原味阅读和原味习作等活动,帮助儿童品味原味文化,提高学习能力和语言能力,进而达到英语学科素养的价值追求。

(撰稿者:马东方 赵莉 卜琦瑞 石文英 单文蝶 赵桢杰)

第七章
整体性：在课程统整中聚焦意义链接

　　境脉学习注重课程目标的统整，聚焦知识的连贯与整合，整体实施课程。通过目标统整，同时基于儿童的学情，紧扣课程主题，设计课程内容；通过内容整合，创造合适的语言环境鼓励儿童的自我表达。在课程整合的基础上，引导儿童在互动中交流，在交流中思考，调动儿童的语言组织与运用能力，让儿童实现语言的畅意表达，学以致用，聚焦主题意义与生活的链接。

郑州市管城回族区回民第一小学依据教育部《关于全面深化课程改革落实立德树人根本任务的意见》《义务教育英语课程标准（2022 年版）》等文件精神，认真钻研课程教材教法，秉承以人为本、倡导创新的精神，以促进儿童全面发展为目标，优化课堂教学，推进本校英语学科课程建设，取得了显著成效。

第一节　提升品质　悦享语言魅力

一、学科性质

英语属于印欧语系，是当今世界经济、政治、科技、文化等活动中广泛使用的语言，是国际交流与合作的重要沟通工具，也是传播人类文明成果的载体之一，对中国走向世界、世界了解中国、构建人类命运共同体具有重要作用。

《义务教育英语课程标准（2022年版）》指出："义务教育英语课程体现工具性和人文性的统一，具有基础性、实践性和综合性特征。学习和运用英语有助于学生了解不同文化，比较文化异同，汲取文化精华，逐步形成跨文化沟通与交流的意识和能力，学会客观、理性看待世界，树立国际视野，涵养家国情怀，坚定文化自信，形成正确的世界观、人生观和价值观，为儿童终身学习、适应未来社会发展奠定基础。"①

英语课程的学习，既是儿童通过英语学习和实践活动，逐步掌握英语知识和技能，提高语言实际运用能力的过程；又是他们磨砺意志、陶冶情操、拓展视野、丰富生活经历、开发思维能力、发展个性和提高人文素养的过程。

二、学科课程理念

《义务教育英语课程标准（2022年版）》指出，"英语课程以习近平新时代中国特色社会主义思想为指导，全面贯彻党的教育方针，落实立德树人根本任务，以培养有理想、有本领、有担当的时代新人为出发点和落脚点。围绕核心素养确定课程目标，选择课程内容，创新教学方式"②。

依据文件精神，力求让每个儿童全面发展核心素养，秉承我校"天地有大美而

---

① 中华人民共和国教育部.义务教育英语课程标准（2022年版）[S].北京：北京师范大学出版社,2022：1.

② 中华人民共和国教育部.义务教育英语课程标准（2022年版）[S].北京：北京师范大学出版社,2022：2.

不言,四时有明法而不议,万物有成理而不说"的教育思想,我校英语课程的理念定义为"和美英语"。"和美英语"旨在提升儿童英语核心素养,发展跨文化交流的意识与能力,帮助他们形成开放、包容的性格,真正理解世界文化"美美与共""和而不同",增强爱国主义精神和民族自豪感。让每一个"回一"学子向往美、追求美、实践美、创造美,努力成长为求真、向善、悟美的人。

（一）"和美英语"——向往

注重提升儿童核心素养,充分体现语言学习对儿童发展的价值。义务教育阶段英语课程的首要目的是为儿童发展综合语言运用能力打基础,为他们继续学习英语和未来职业选择创造有利条件。同时,英语课程有利于儿童体验中外文化差异,丰富思维方式,增进国际理解,提高人文素养。

（二）"和美英语"——追求

关注儿童个体差异,利用多种手段促进儿童爱上英语课,享受英语课。儿童年龄小、注意力时间短,但有着极强的表现欲、好奇心及探索欲。通过精心设计丰富的教学活动,利用各种网络教学资源以及传统的做游戏、听音乐、猜谜语等活动,使教学生动活泼,让儿童以轻松愉悦的心情,参与到英语学习中,提高其对英语的学习兴趣。

（三）"和美英语"——实践

注重语言学习的过程,强调语言学习的实践性。主张儿童在语境中接触、体验和理解真实语言,并在此基础上学习和运用语言。采用既强调语言学习的过程又有利于提高儿童学习成效的教学途径和方法,尽可能多地为儿童创造在真实语境中运用语言的机会,鼓励儿童通过体验、实践、参与、探究和合作的方式,发现语言规律,逐步掌握语言知识和技能,不断调整情感态度,形成有效的学习策略,发展自主学习能力。

（四）"和美英语"——创造

丰富多样的课程资源对英语学习尤其重要。英语课程应根据教和学的需要,提供贴近儿童、贴近生活、贴近时代的英语学习资源,为英语学习创设符合儿童生活实践和经验的情境。创造性地开发和利用现实生活中鲜活的英语学习资源,积极利用音像、广播、电视、书报杂志、网络信息等拓展儿童学习和运用英语的渠道,使儿童在大量输入的基础上,掌握语言知识和技能,开阔视野,丰富生活经历,进而形成创造力。

　　总之,"和美英语"课程是引导儿童体会、品味世界多元文化之美的课程,是增强儿童爱国情感和民族自豪感的课程。"和美英语"课程通过英语学习帮助儿童了解世界和中西方文化的差异、拓展视野、培养爱国主义精神,形成健康的人生观,为他们的终身学习和发展打下良好的基础,让语言之美伴随儿童一生。

第二节　丰富认知　提高学习能力

基于核心素养对儿童的不同维度的要求，我校英语组以儿童为本，以提高儿童语言运用能力和发展儿童的思维能力为指导思想，创设"和美英语"课程，从发展语言能力、培养文化意识、提升思维品质、提高学习能力四个方面来分层实现课程目标，从而全面提高儿童的综合人文素养。

一、学科课程总体目标

学校以《义务教育英语课程标准(2022年版)》为依据，结合学校儿童的学习情况，制定符合学校校情的学科课程目标，具体如下。

（一）语言能力

语言能力指运用语言和非语言知识以及各种策略，参与特定情境下相关主题的语言活动时表现出来的语言理解和表达能力。小学阶段儿童应能够在感知、体验、积累和运用等语言实践活动中，认识英语与汉语的异同，逐步形成语言意识，积累语言经验，进行有意义的沟通与交流。

（二）文化意识

文化意识指对中外文化的理解和对优秀文化的鉴赏，是儿童在新时代表现出的跨文化认知、态度和行为选择。文化意识的培育有助于儿童增强家国情怀和人类命运共同体意识，涵养品格，提升文明素养和社会责任感。

（三）思维品质

思维品质指人的思维个性特征，反映儿童在理解、分析、比较、推断、批判、评价、创造等方面的层次和水平。思维品质的提升有助于儿童学会发现问题、分析问题和解决问题，对事物作出正确的价值判断。

（四）学习能力

学习能力指积极运用和主动调适英语学习策略、拓展英语学习渠道、努力提升英语学习效率的意识和能力。学习能力的发展有助于儿童掌握科学的学习方法,养成良好的终身学习习惯。

二、学科课程年段目标

依据《义务教育小学英语课程标准(2022 年版)》、教材和教师用书的要求,结合学校实际,依托"和美英语"学科课程理念,确立我校系统且循序渐进的英语课程三至六年级段目标,逐渐实现对语言综合应用能力的培养,以四年级为例(见表 7-1)。

表 7-1　郑州市管城回族区回民第一小学"和美英语"课程四年级目标表

年级	上 学 期	下 学 期
四年级	**第 一 单 元** 1. 能够在情景中运用句型:Where is ...? It's in/on/under/near the ...询问并回答物品的位置。 2. 能够听、说、认读句型:What's in the classroom? Let's go and see! Where is it? It's near the window. Let's clean the classroom. Let me clean the teacher's desk. 3. 学习礼貌言行,能够对请求、道歉等行为做出恰当反应。 4. 具有讲卫生、爱整洁的意识。 **第 二 单 元** 1. 能够听、说、认读句型:What's in your schoolbag? An English book./... What colour is it? It's ... 2. 能够在情景中运用句型:What's in your ...? 询问并回答某处有什么物品。 3. 能够在情景中运用句型:What colour is it? It's ...询问并回答物品的颜色。 4. 学习教科书名称时,使儿童了解教科书的重要性,要求他们爱护书本。 5. 了解 Hope School(希望学校),Lost& Found(失物招领)的意思。	**第 一 单 元** 1. 能够听、说、认读单词或词组:library, computer room, teachers' office, playground, music room, art room, first floor, second floor. 2. 能够在情景中运用句型:Is this/that ...? Yes, it is./No, it isn't. 询问近处或远处的事物并回答。 3. 能够在情景中运用句型:Do you have a ...? 询问对方是否拥有某事物。 4. 了解学校教室、场馆的名称及位置,感受到学校的漂亮与温馨,从而激发对学校的热爱。 5. 了解校园日常行为规范,知道在什么场所做什么事情。 **第 二 单 元** 1. 能够听、说、认读单词、词组和短语:music class, PE class, English class, breakfast, lunch, dinner, get up, go to school, go home, go to bed. 2. 能够在情景中运用句型:What time is it? It's ...询问时间并回答。 3. 能够在情景中运用句型:It's time to/for ...来描述即将要做的事情。 4. 培养儿童严格的时间观念,养成守时守纪的好习惯。 5. 了解地球上不同时区的时间是不同的。

年级	上　学　期	下　学　期
四年级	**第三单元** 1. 能够听、说、认读单词：all, strong, short, thin, friendly, quiet, hair, shoe, glasses. 2. 能够听、说、认读句型： What's his name? His name is Zhang Peng. He's tall and strong. Who's he? He has glasses and his shoes are blue. 3. 能够在情景中运用句型：What's his/her name? His/Her name is ... 询问他人的姓名或身份，并能回答。 4. 能够描述人物的性格或外貌特征。 5. 能够了解外貌描述中的文化禁忌，如不要对长得胖或戴眼镜等特征的儿童有歧视性语言。 **第四单元** 1. 能够听、说、认读单词：bedroom, living room, study, kitchen, bathroom, fridge, sofa, phone, table, bed. 2. 能够在情景中运用句型：Is she in the ...? Yes, she is./No, she isn't. Where are the ...? Are they in ...? Yes, they are./No, they aren't. 询问物品、人物的位置并作出相应判断。 3. 能够在情景中运用句型：Open the door, please. 提出行动建议。 4. 能够描述家里的居室及物品设施。 5. 能够感受到家的温馨，从而激发儿童爱家、爱家人的情感。 6. 能够主动收拾物品并摆放整齐，养成良好的生活习惯。 **第五单元** 1. 能够听、说、认读单词：beef, bowl, spoon, fork, knife, soup, chicken, noodles, vegetable, chopsticks. 2. 能够在情景中运用句型：What would you like (for ...)? I'd like ... 征求并表达用餐意愿。	**第三单元** 1. 能够听、说、认读单词：cool, cold, hot, warm, rain, snowy, cloudy, sunny, windy. 2. 能够在情景中运用句型：Can I go outside now? Yes, you can./No, you can't. What's the weather like in ...? It's ... 询问他人意见、天气情况并能进行回答。 3. 能够在情景中运用句型：It's ... and ... 和 It's ... in ... 描述气候特征和天气情况。 4. 关心日常天气变化，能够对气候特点和天气情况进行描述并能及时提醒家人、朋友根据天气变化更换衣服。 5. 能够了解气温描述中的文化差异，了解华氏及摄氏温度的概念。 **第四单元** 1. 能够听、说、认读单词：cow, hen, sheep, horse, tomato, potato, carrot, green bean 及其复数形式。 2. 能够在情景中运用句型：What are these/those? They're ... 询问并回答各种蔬菜或动物的名称。 3. 能够在情景中运用句型：They are so big/long/cute. 描述物品特点。 4. 能够正确使用these/those介绍各种农场动物及蔬菜。 5. 能够填充短语或句子，做到书写规范。 **第五单元** 1. 能够听、说、认读衣物类单词：clothes, hat, pants, dress, coat, shirt, jacket, sweater, shorts, socks. 2. 能够在情景中运用句型：Are these yours? Yes, they are./No, they aren't. Is this John's? Yes, it is./No, it isn't. 询问并回答物品的主人。

年级	上　学　期	下　学　期
四年级	3. 能够在情景中运用句型：Help yourself. Would you like …? Yes, please! / No, thanks. I can use …提出用餐建议和餐具使用建议，并恰当回应。 4. 能够正确表达用餐意愿和餐具使用情况。 5. 初步了解中西方餐饮文化的差异。 **第 六 单 元** 1. 能够听、说、认读单词：baby, brother, parents, cousin, uncle, aunt，doctor, cook, driver, farmer, nurse. 2. 能够在情景中运用句型：How many people are there in your family? 询问并回答家中有几位家庭成员；能够在情景中恰当运用句型：My family has six people. That's only five. 3. 能够在情景中运用句型：Is this your …? Yes, it is. What's your …'s job? He's/She's a …询问并回答某人与说话方的亲属关系及其职业情况。 4. 能够在语境中正确使用有关家庭成员和职业的单词或词组简单介绍家庭成员及其职业。 5. 能够体会并表达对家庭和生活的热爱之情，能够了解英语国家中家庭成员之间的称呼习俗。 **校本目标** 1. 掌握本年级的基础词汇，并能够听说读写。 2. 会唱课本及课外补充的英文歌曲，让儿童在歌曲中记忆单词。 3. 培养儿童每天记忆单词的习惯。 4. 单词秀。 5. 英文电影欣赏。	3. 能在情景中恰当运用句型：It's Mike's. They're Chen Jie's. 表述物品的主人。 4. 能够在情景中运用句型：Whose coat is this? It's mine. Whose pants are those? They're your father's. 询问并回答某物的主人。 5. 能够简单介绍衣着。 6. 建立朴素大方的审美观，养成及时整理个人物品的习惯。 **第 六 单 元** 1. 能够听、说、认读单词：gloves, scarf, umbrella, sunglasses, pretty, cheap, nice, expensive. 2. 能够在情景中运用句型：Can I try … on? Size …, please. 请求试穿某件衣物并告之尺码。能够在情景中运用句型：How do you like …? 询问对某商品的意见。 3. 能够在情景中运用句型：How much is …? It's …问答某商品的价格；能够在情景中运用句型：It's very/too … They're very/too …描述某物品。 4. 能够正确介绍衣着并描述价格。 5. 了解衣服大、中、小号的英文表达以及主要英语国家的货币名称及符号。 **校本目标** 1. 掌握本年级的基础词汇，并能够听说读写。 2. 会唱课本及课外补充的英文歌曲，让儿童在歌曲中记忆单词。 3. 培养儿童每天记忆单词的习惯。 4. 对唱英文歌。 5. 达人秀。 6. 小小演说家。

　　总之，通过"和美英语"课程群建设在教学中的应用，初步提高儿童的综合语言运用能力，促进其心智发展，提高其综合人文素养。

第三节　内容整合　推动思维创生

　　《义务教育英语课程标准(2022年版)》指出:"英语综合实践活动学习主题的确定要充分考虑学生的学习兴趣,根据英语学习内容和现实生活确定任务及问题,引导学生通过实践与探究,综合运用英语和其他课程所学知识解决问题,拓展并加深学生对自我、社会和自然的认知与体验。"①"和美英语"课程的开设以《义务教育英语课程标准(2022年版)》为导向,制定符合儿童生活经验的课外实践活动,紧密联系儿童生活实际,从儿童感兴趣的主题出发,拓展儿童的学习渠道,尊重儿童的个性特点,充分发掘儿童的多元化潜能,发展语言能力,培育文化意识,提升思维品质,提高学习能力,通过课程的学习逐步形成适应个人终身发展和社会发展需要的必备能力和品格。

一、学科课程结构

　　《义务教育英语课程标准(2022年版)》指出:"语言技能分理解性技能和表达性技能,具体包括听、说、读、看、写等方面的技能及其综合运用。听、读、看是理解性技能,说、写是表达性技能。"②我校从"和美之声""和美之言""和美之阅""和美之观""和美之文"五个方面出发,对应《义务教育英语课程标准(2022年版)》中语言技能中的听、说、读、看、写等方面的技能及其综合运用,形成我校"和美英语"课程框架。

　　各板块课程具体表述如下。

　　"和美之声"与语言技能"听"相对应。开设的课程有:磨耳朵、英语趣配音、聆听世界、走进动画、走进名著等。教师在每个阶段的教学都将课程标准和教材内

---

① 中华人民共和国教育部.义务教育英语课程标准(2022年版)[S].北京:北京师范大学出版社,2022:37-38.
② 中华人民共和国教育部.义务教育英语课程标准(2022年版)[S].北京:北京师范大学出版社,2022:25.

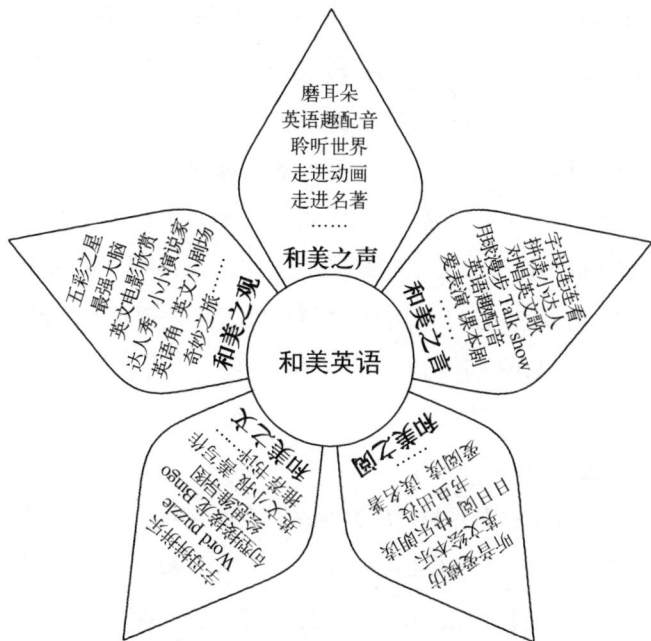

图 7-1　郑州市管城回族区回民第一小学"和美英语"课程结构图

容有机结合在一起,通过营造浓厚的英语视听环境,根据儿童不同的学习经历、学习水平和学习风格,适时更换听的内容,改变听的形式,视听说相结合,以轻松、愉快、和谐的气氛和丰富多彩的活动,增强儿童求知欲,逐步提高儿童"听"的能力。

"和美之言"与语言技能"说"相对应。开设的课程有:字母连连看、拼读小达人、对唱英文歌、月球漫步、Talk show、英语趣配音、爱表演、课本剧等。教师在教学中采取积极有效的措施有意识地培养儿童"说"的能力,运用多媒体教学手段来移植情景,形象生动地再现相关的对话时空,做到声像结合、图文并茂,鼓励儿童通过观察、模仿、体验、探究、展示等方式学习和运用英语,使儿童乐于"说",敢于"说",培养儿童创造性运用英语的能力。

"和美之阅"与语言技能"读"相对应。开设的课程有:听音爱模仿、英文绘本乐、日日阅、快乐朗读、书虫出没、爱阅读、读名著等。通过基于语篇的教学,儿童从英语阅读中认识到学习英语的真正意义和价值,体验学习英语的乐趣,逐步养成良好的阅读习惯,通过阅读拓展思维,提高审美鉴赏和评价能力。

"和美之文"与语言技能"写"及综合运用语言的能力相对应。开设的课程有:

字母拼拼乐、Bingo、Word puzzle、句型接接龙、绘思维导图、英文小报、善写作、推荐书评等。课程的开展从儿童的兴趣爱好出发,以丰富多彩的英语活动为载体,营造浓厚的英语校园文化氛围,促进儿童核心素养的全面发展。

"和美之观"与语言技能"看"相对应。开设的课程有:五彩之星、最强大脑、英文电影欣赏、达人秀、小小演说家、英语角、英文小剧场、奇妙之旅等。通过课程的学习,儿童了解不同的语言和文化现象,养成对本土文化的认同感,树立正确的世界观、人生观和价值观。通过活动的开展,科学、合理地评价儿童的学业质量,提高儿童综合运用语言知识的能力。

二、学科课程设置

"和美英语"课程根据具体教学内容对课程资源进行合理的选择和整合,促进英语课程更好地完成,面向全体儿童,与其他学科相互渗透相联系,促进儿童的认知能力、思维能力、审美情趣、想象力和创造力等素质的综合发展。英语教学中,除了合理有效地使用教科书外,还可以利用声像资源、绘本等,给儿童提供丰富的、真实的语言学习和体验机会。教师开发英语校本课程,使儿童不仅满足语用基本需求还可以通过校本课程来更好地拓展自己的知识面,获得更多的语言学习体验。结合儿童好动的天性,以唱、说、读、演的形式,充分利用情景会话、绘本、对唱英文歌以及英语趣配音等课程资源,提高儿童学习英语的积极性。依托最强大脑、英语角、达人秀、英文小剧场等活动,给予儿童展示交流的平台。"和美英语"课程的设置见表7-2。

表7-2 郑州市管城回族区回民第一小学"和美英语"课程设置表

年级\课程\学期		和美之声	和美之言	和美之阅	和美之文	和美之观
三年级	上学期	磨耳朵	字母连连看	听音爱模仿	字母拼拼乐	五彩之星
	下学期	磨耳朵	拼读小达人	英文绘本乐	Bingo	最强大脑
四年级	上学期	英语趣配音	对唱英文歌	英文绘本乐	Word puzzle	英文电影欣赏
	下学期	英语趣配音	月球漫步	日日阅	句型接接龙	达人秀

年级\课程\学期	和美之声	和美之言	和美之阅	和美之文	和美之观
五年级 上学期	聆听世界	Talk show	快乐朗读	绘思维导图	小小演说家
五年级 下学期	聆听世界	英语趣配音	书虫出没	英文小报	英语角
六年级 上学期	走进动画	爱表演	爱阅读	善写作	英文小剧场
六年级 下学期	走进名著	课本剧	读名著	推荐书评	奇妙之旅

"和美英语"基于和美之声、和美之言、和美之阅、和美之文、和美之观这五大板块,通过大量的专项和综合性语言实践活动,多方位促进儿童听、说、读、看、写等方面的技能,形成综合语言运用能力。

第四节 优化情境 关注个体差异

"和美英语"在国家课程的基础上结合儿童特点,通过多元化、多样化、多途径的教学形式,提升儿童英语学科核心素养;在单元话题学习中,培养儿童的人文素养;在听、说、玩、演的活动中提升英语语言技能,使儿童学得有趣、乐学爱学,充分体验语言的文化背景,培养国际视野,实现学科育人功能。根据《义务教育英语课程标准(2022 年版)》以及"和美英语"的课程理念、学科性质、课程目标等方面的要求,"和美英语"课程将从"和美课堂""和美课程""和美学习""和美社团""和美赛事"等五个方面进行课程实施。

一、建构"和美课堂",彰显课堂魅力

"和美课堂"从儿童的学习需求出发,设计符合其特性的课堂教学设计和评价措施,激发儿童学习的动力,体会语言学习的快乐和魅力。教学充分渗透英语学科核心素养,包括语言能力、思维品质、文化品格和学习能力四个维度。通过和美课堂的学习,让儿童在听、说、读、看、写等方面的语言实践活动中发展英语语言能力,培养良好的心理品质和思想道德品质。

(一)"和美课堂"的建设思路

1. 营造温馨快乐的课堂学习氛围,激发儿童学习英语的兴趣,以取得更好的学习效果。

2. 利用网络平台和资源,拓展延伸学习深度。"和美课堂"与丰富的网络平台和资源积极结合,为儿童营造一个立体、鲜活、真实的英语学习环境,为他们的英语学习提供更广阔的平台,引导儿童将所学的语言知识运用于解决生活中的实际问题,有效地提升英语语言综合运用能力。

3. 倡导多元、合作、探究的学习方式。在义务教育阶段,儿童逐步形成有效的学习策略对于提高学习效果十分重要。发展有效的学习策略是英语课程的重要目标之一。

4. 加强英语综合语言运用能力的培养。各种语言知识的呈现和学习都应从语言使用的角度出发，为提升儿童"用英语做事情"的能力服务。教师应注意处理好知识学习与能力发展的关系、语言操练与语言运用的关系及常规教学与考试的关系，使教学活动更加有效。

（二）"和美课堂"的评价要求

在教学中，教师不仅要树立正确的育人观，还需要把立德树人贯彻到每节课中，不能唯教学目标论，而应以儿童的具体学习行为、学习方式、学习表现来评价，让目标成为教师了解儿童学习情况、帮助儿童克服困难、取得进步的润滑剂。

"和美课堂"结合我校儿童英语学习情况，通过一系列行之有效的教学活动，采用过程性评价、活动性评价和终结性评价相结合的方式对儿童的学业能力水平进行全面、客观的评价。

1. 小学的评价应以激励儿童学习为主。小学英语教学评价应以《义务教育英语课程标准（2022年版）》和平时的教学内容为依据，以激励儿童的学习兴趣和自信心为主要目的，采用符合儿童认知水平、具有多样性和可选择性的评价方式。

2. 充分发挥评价的积极导向作用。在课堂教学中，评价是调动儿童积极性及主动性的手段，积极有效的评价对于受教育者的健康和谐发展具有重要意义。因此，"和美英语"课堂中，教师应充分发挥评价的积极导向作用，让自身的教育教学与儿童的发展都得到积极的提升。

3. 体现儿童在评价中的主体的地位。儿童是被评价的对象也是评价的主要实施者。促进儿童的发展同样是评价的最终目的。因此，"和美课堂"十分重视发挥儿童在评价中的主体地位，让儿童进行自我评价、互评等，让儿童参与评价过程，在评价中提升并培养自我认知意识和自我调控能力（见表7-3）。

表7-3　郑州市管城回族区回民第一小学"和美英语"课堂评价表

评价项目	评 价 指 标	得分
教学目标 （15分）	1. 目标明确具体，重难点突出，详略得当。（5分）	
	2. 符合教学要求和学情。（5分）	
	3. 注重儿童核心素养的培养，激发儿童的求知欲。（5分）	

评价项目		评价指标	得分
教师的指导过程（40分）	教学过程（25分）	1. 面向全体儿童，兼顾个体差异，注意因材施教。（5分）	
		2. 在教学中，师生交流自然，教学氛围和谐。（5分）	
		3. 教学方法得当，活动形式多样、有效。（5分）	
		4. 能恰当运用多媒体和教学资源进行教学。（5分）	
		5. 突出儿童的主体地位，教与学比例合理，儿童参与度高。（5分）	
	教师素质（15分）	1. 能用英语组织教学，语言得体流畅，语音、语调、节奏自然。（3分）	
		2. 教态亲切大方，有感染力。（3分）	
		3. 教学基本功扎实。（3分）	
		4. 教学技能娴熟。（3分）	
		5. 课堂调控能力强。（3分）	
学生的学习过程（30分）		1. 所有儿童积极参与，思维活跃，兴趣浓厚。（4分）	
		2. 师生之间、儿童之间交互训练活动充分；儿童在学习过程中学会合作，合作学习有实效。（4分）	
		3. 有自主学习的时间，体现自主、探究式的学习过程。（4分）	
		4. 能在具体的语言环境中感知和运用所学知识，形成语言能力。（4分）	
		5. 能根据教学要求对自己的学习作出评价，并调控自己的学习过程。（3分）	
		6. 有独立思考的能力，在回答问题、讨论、表演、完成学习任务时主动提出问题，有独到的见解。（4分）	
		7. 能运用学过的知识、掌握的技能解决新问题。（4分）	
		8. 受到思想品德等方面的教育。（3分）	

评价项目	评　价　指　标	得分
教学效果 （15分）	1. 时间利用有效,完成教学任务,达到预期目标。（5分）	
	2. 各层次儿童均得到良好的训练,教学实效高。（5分）	
	3. 教学的某一方面有独到之处。（5分）	
合　计		
主要优缺点		

　　“和美课堂”秉持并践行学思结合、用创为本的英语学习活动观,充分尊重儿童主体地位,注重营造快乐的学习氛围,善于利用丰富的课内外资源,丰富儿童的学习和输出途径,在多元化的学习方式下,形成良好的英语核心素养。

二、设计“和美课程”,激发儿童英语学习动力

　　“和美课程”坚持围绕英语听、说、读、写及综合运用五项重要技能展开,以组织生动活泼的课外活动,拓展儿童的学习渠道为载体,改变过去传统单一的课程设置,让英语课程变得多元而有趣;并始终坚持以儿童为本,面向全体儿童,尊重儿童的个体特点,充分发掘儿童的不同潜能,培养儿童的跨文化交际能力;同时,提高教师对课程的改革创新能力和创造性使用和改编教材、灵活教学的能力。

　　（一）“和美课程”的实施方案

　　1. 赏“和美之声”

　　“和美之声”与语言技能“听”相对应。开设的课程有：磨耳朵、英语趣配音、聆听世界、走进动画、走进名著等。教学流程如下：听或观看原版英语视频或听力—完成听力相关任务—再听、模仿语音语调—讨论、表演、展示—综合评价、享受。

　　2. 说“和美之言”

　　“说”是检验英语学习效果的重要方式之一。儿童能否自如地用英语进行交流是最直观有效的检验方式,同样是学习英语的重要目的之一。英语听说读看写能力是相辅相成的,实际教学中我们会将视听说结合起来,输入与输出相结合,让

儿童在原汁原味的丰富语言输入中自然输出英语。具体教学流程如下：确定主题—创设情境—先通过视、听方式呈现说的内容—学习相关内容—交流、展示。

3. 享"和美之阅"

阅读是巩固与扩展儿童英语语言的好方式。"和美课程"为儿童提供广泛的阅读材料，让儿童在原汁原味的阅读体验中提升英语阅读能力和英语综合能力。和美之阅具体教学流程如下：阅读前，创设情境，导入新课；阅读中，完成任务、快速整体了解文本，精读文本，完成相关精读任务；阅读后，围绕主题讨论、思考，复述、表演、写作等。将英语阅读与写作和口语相结合，在阅读中学习新知，巩固旧知，在阅读中说，在阅读中为最后的写作做好铺垫。

4. 知"和美之观"

"和美之观"与语言技能"看"相对应。以课内外丰富多彩的英语活动为载体，培养儿童的语言综合能力，并引导儿童乐于观察、善于反思、比较与体验不同语言和文化现象。具体的教学流程如下：教师带领儿童进行前期的语言输入学习—设计英语活动—活动的宣传—儿童准备相关活动—教师在儿童准备期间进行适当的指导—开展儿童展示活动—活动后的总结与反思。

5. 研"和美之文"

"和美之文"与语言技能"写"及综合运用语言的能力"写"相对应。"写"是表达性技能，需要前期大量的输入，即以听说读看作铺垫，因此教师可以将听说读看写结合起来。具体教学步骤如下：确定写作的主题—创设情境—多种形式巩固相关旧知，拓展相关知识—思维导图勾画出基本框架—口语交流—书写完整的作品—展示并口述写作—教师评价，儿童自评、互评。其中，写作的话题主要围绕主要英语国家课程相关话题进行。充分利用教材本身和合理开发教材资源，给儿童提供大量的、有效的、活生生的运用语言的机会，创设一定的语言环境和提供必要的背景知识，将教、学、用有机结合起来，努力使儿童的语言知识转化为语言技能，并发展为运用英语进行交际的能力，培养他们用英语思维的良好习惯。

（二）"和美课程"的评价要求

"和美课程"的评价从教师、儿童自评、儿童互评和家长评价等不同角度来进行评价，采用形成性评价与终结性评价相结合的方式。评价应反映以儿童为主体的教育理念，突出儿童的主体地位，发挥儿童在评价过程中的积极作用并最终让评价促进儿童的学习与成长(见表7-4,表7-5,表7-6,表7-7,表7-8)。

表7-4 郑州市管城回族区回民第一小学"和美之声"课程评价表

评 价 内 容		自评	师评	儿童互评	总评
形成性评价	积极参与课堂活动				
	能认真倾听				
	能完成相关听力任务				
	能养成良好的听力习惯				
终结性评价	语音语调规范、自然				
	能听懂相关听力任务				
	能根据听力任务作出适当的反应				
	综合语言运用能力强				

表7-5 郑州市管城回族区回民第一小学"和美之言"课程评价表

评 价 内 容		自评	师评	儿童互评	总评
形成性评价	课堂表现				
	听说方面				
	模仿方面				
	积极运用方面				
终结性评价	口语表达流利				
	符合活动要求				
	任务达成度				
	富有表现力				

表 7-6　郑州市管城回族区回民第一小学"和美之阅"课程评价表

评 价 内 容		自我评价	同伴评价	教师评价	总评
情感态度	能体会到英语阅读的乐趣				
	能积极参与各种课堂学习活动				
学习策略	在课堂交流中,注意倾听,积极思考				
语言技能	能借助各种信息,读懂并朗读所学文章				
学习效果	领悟英语阅读的正确方法,养成良好的英语阅读习惯				
文化意识	在学习中,能初步注意中外文化异同				
我的收获:					
同伴眼里的我:					
老师眼里的我:					

表 7-7　郑州市管城回族区回民第一小学"和美之义"课程评价表

评 价 内 容		自评	师评	互评	总评
形成性评价	课堂认真听讲,积极参与				
	对所学写作内容能主动复习与归纳				
	能根据提示,写出简短的语句				
	能大胆表达与交流自己的写作思路与内容				
终结性评价	能够正确、规范、工整书写英语字母和文章				
	能够大胆、自信展示自己的书写内容				
	能够掌握基本的书写方法				

表7-8　郑州市管城回族区回民第一小学"和美之观"课程评价表

评 价 内 容		自评	师评	儿童互评	总评
形成性评价	课堂表现				
	听说方面				
	模仿方面				
	积极准备				
终结性评价	口语表达流利				
	准备充分				
	任务达成度高				

其中,评价结果分为 A、B、C、D 四个等级。A 表示优秀;B 表示良好;C 表示合格;D 表示不合格。

三、倡导"和美学习",培养儿童良好的学习习惯

"和美学习"是指儿童能够养成爱学习、会学习的良好习惯,并能够在良好的学习习惯的基础上,促进自身英语学习目标的达成和身心的全面发展。

（一）"和美学习"的实施途径

1. 引导儿童学会学习、管理、评价自己的学习。经过研究表明,影响人的身心发展的四大因素有遗传素质、环境因素、教育及个人主观能动性。其中,儿童的个人主观能动性发挥着主要的作用,因此,教师必须教会儿童自主学习的方法,培养儿童自主学习的能力,引导儿童掌握自主学习的策略,懂得体验自主学习的乐趣。

2. 引导儿童采用多种学习方式,发挥自己的优势和特长,增强学习的效能。适合的才是最好的,每个儿童都是具有独立意志的个体,每个人的性格特征等各异,因此最好的方法不一定适合每个儿童。只有让儿童去体验不同的学习方法,感受到学习的乐趣,发现自己的优势与不足,才能真正找到每个人的最佳方法。

3. 设计多感官参与的语言实践活动,让儿童在情境中感受学习英语的乐趣。语言来源于生活,运用于生活。英语作为一门外语,对于大部分儿童来说缺乏真

实的语言运用环境,因此教师应设计丰富的语言实践活动,让儿童在运用中、在活动中收获快乐,增长才干。

(二)"和美学习"的评价要求

"和美学习"的评价体系是实现课程目标的重要保障。评价应关注儿童综合语言运用能力的发展过程以及儿童在学习过程中情感态度、价值观念、学习策略等方面的发展和变化。"和美学习"的评价从课前、课中、课后三个方面展开,采用形成性评价与终结性评价相结合的方式。现依据"和美课程"学科理念和培养目标,制定"和美学习"评价标准(见表7-9)。

表7-9 郑州市管城回族区回民第一小学"和美学习"评价表

形式	评价内容	评 价 标 准	A	B	C	D
形成性评价标准	课堂评价	1. 学习行为				
		2. 学习方式				
		3. 学习表现				
	作业评价	1. 作业完成认真,能按时按质按量书写并及时上交。				
		2. 能够独立预习,复习,运用所学内容。				
		3. 作业订正及时,态度认真。				
终结性评价标准	口语表达测试	1. 积极准备英语达人秀活动。通过班级初赛、全校决赛来让全员得到锻炼。				
		2. 展示自己准备的英语内容。形式不限,语言要求英语,时限3分钟。				
	语言知识和技能测试	1. 通过全校单词与书法比赛测试儿童的书写能力与基础知识。				
		2. 通过英语趣配音大赛促进儿童的听说能力。				
		3. 通过星级迷航活动,检测与促进儿童的英语综合运用能力。				

所有的教学都是为了儿童更好地学。因此,我们不仅要研究如何教好儿童,更应该探讨如何引导儿童学会学习。要注重"教学评"一体化设计,坚持以评促教、以评促学,将评价贯穿英语课程的全过程。

四、成立"和美社团",体验语言运用之美

"和美社团"以丰富多彩的英语活动为载体,营造浓厚的英语校园文化氛围,推动儿童学习英语的热情。充分挖掘每个儿童的潜质,力争使每个儿童人人参与、人人快乐,人人有收获。让每个儿童从轻松愉快的活动中感受英语、应用英语、体验学习英语的快乐;让每个儿童在活动中找到自信,让英语走近每个儿童,使他们想说、敢说、能说、乐说;通过营造浓厚的英语视听环境,激发儿童英语学习兴趣,提高英语学习效率,培养儿童的创造性运用英语的能力,促进儿童核心素养的全面发展。

（一）"和美社团"的实施途径

1."和美英语"小剧场。依托校本课程的开发,开展以欣赏英语纪录片为主要输入方式,并以英语演讲的指导与展示为主要输出方式的社团活动。让儿童在原汁原味的英语中,自然习得英语,养成良好的英语语感,拓展与巩固英语知识,在演讲中锻炼儿童的胆量,提升儿童的自信心与表达能力。

2."和美英文"儿歌社团。开设和美英文儿歌社团,旨在通过主题丰富的英文歌曲的学习与互动,体验原汁原味英语语言之美,激发儿童英语学习的兴趣,在朗朗上口的儿歌中体验英语学习的乐趣,进一步扩展儿童的英语语言综合运用能力,培养自信、乐观、好学的品质。

3."和美英语"配音社团。儿童在课堂上观看经典英文电影片段,培养良好的英语语音语调,了解跨文化知识,扩展文化视野,并通过给短片配音,输出英语,锻炼胆量,培养自信,陶冶情操,丰富感情。

4. 和美英语角。在固定的时间地点设立英语角,让儿童可以拥有可以真正运用英语的环境,每周一次英语角活动,讨论内容可以围绕提前确定的1—2个话题,教师可以鼓励儿童推选出自己感兴趣的讨论话题进行自由讨论。教师也可以让1—2名儿童轮流做每周英语角的主持人,让他们制定讨论的话题,带领全体儿童进行讨论前的热身、环节的主持等。这既锻炼了儿童的英语能力也提高了其组

织能力,同时提高了英语角活动的效果。

(二)"和美社团"的评价要求

"和美社团"是对英语课堂的延伸与补充,是儿童运用与拓展英语综合能力的平台。"和美社团"应根据课程标准规定的课程目标与要求,采用科学、合理的评价方式和方法,对教学的过程和结果加以及时、有效的监控,以起到对教学的积极导向作用。"和美社团"的评价要尽可能做到评价主体的多元化,评价形式与内容的多样化,评价目标的多维化。"和美社团"的评价既要关注过程,又要关注结果。主要包括以下两个方面:

1. 学习成果评价。在学期结束时,对儿童们本学期展开的活动进行成果展示。由不同评价主体对儿童的平时社团表现和成果展示进行评价,主要从儿童自评、儿童互评和教师评价三方面展开。大家共同投票,选出本学期社团的"最闪亮""最创新""最进步""最勤奋""最热心",力求从不同层面激发儿童潜力,以达到肯定其进步、培养其兴趣、提高其英语素养的目的。

2. 学习过程评价。从出勤、上课状态、发言、纪律、劳动等情况等进行评价。如是否能按时上下课;在活动中是否认真,投入;是否积极发言;能否遵守基本的社团纪律;是否会参与社团教室卫生的打扫等(见表 7-10)。

表 7-10 郑州市管城回族区回民第一小学"和美社团"活动评价表

评 价 标 准		评价结果分为 A、B、C、D 四等级			
		自 评	儿童互评	教师评	总 评
平时表现	1. 出勤				
	2. 上课状态				
	3. 积极发言				
	4. 纪律良好				
	5. 热爱劳动				
成果展示	1. 英语语音语调自然				
	2. 表现形式恰当				

评　价　标　准		评价结果分为 A、B、C、D 四等级			
		自　评	儿童互评	教师评	总　评
成果展示	3.英语口语流利				
	4.脱稿展示				
	5.表现力强,自信大方				
	6.形象气质				
	7.道具等准备充分				
总　评					

"和美社团"是践行英语学习活动观的最佳体现。社团活动给儿童营造了真实的情景,让儿童在体验中学习、在实践中运用、在迁移中创新。

五、开展"和美赛事",以赛促学展风采

"和美赛事"旨在通过营造浓厚的英语视听环境,激发儿童英语学习兴趣,提高英语学习效率,培养儿童的创造性运用英语的能力,让每个儿童在活动中找到自信,使他们想说、敢说、能说、乐说。活动内容分层次、分类型展开,包括英语单词竞赛、英语书法大赛、"星际迷航"闯关游戏、英语达人秀等活动,注重拓展儿童的综合语言运用能力和文化品格的修养。参赛项目设置单项奖和团体奖,颁发相应的奖状和奖品,并邀请部分家长共同参与到活动中来。

(一)"和美赛事"的实施途径

为了丰富儿童的校园文化生活,激发儿童学习英语的兴趣,给予儿童运用英语的舞台,我校在每学期举办至少两项全校英语活动,希望能以此为契机,在全校掀起爱英语、学英语、用英语的高潮。

1. English Words Contest 英语单词竞赛。针对三至六年级全体儿童,本班英语老师负责整理出适合本年级的 100 个单词给儿童进行默写,使用统一的默写比赛用纸,各个年级按照一等奖 10%、二等奖 20%、三等奖 30%的儿童比例评出获

奖名单,学校进行统一的颁奖表彰。

2. English Handwriting Contest 英文书法比赛。三至六年级英语老师负责提前选择适合儿童书写的英语内容,全校儿童参与,按统一时间、统一要求、统一书写用纸,书写每个年级对应内容。再由本班执教老师筛选出一半作品,交给评委老师,对调年级执教老师即为评委老师。具体评价标准:从书写的规范性、工整度、准确性及卷面的整洁度和整体布局等方面进行打分,按一等奖 10%、二等奖 20%、三等奖 30% 的比例评出获奖名单,学校进行统一的颁奖表彰。

3. English Talent Show 英语达人秀。先由英语老师在班上进行初期的活动预热与宣传,班级进行初赛,每班选出 5 个节目参加校级决赛。儿童可以选择课内或者课外的内容。参赛语言要求:英语,比赛形式不限,可以为英文歌曲、朗诵、演讲、表演、配音等任何形式,表演时间不超过 4 分钟,内容积极向上,能够展示儿童的风采。

4. Lost In Space(星际迷航)闯关游戏。每年组织"Lost In Space"闯关游戏。

第一关:A colorful star(五彩之星)。儿童读出从单词卡中抽出的 3 个单词,读对一个单词获得一颗星星。共计 3 颗星。

第二关:Moon walker(月球漫步)。抽取主题单词或图片,师生或生生对相关主题进行对话。进行两个对话,儿童简答即可得分,每回答一个问题得 1 颗星。共计 2 颗星。

第三关:Super Brain(最强大脑)。根据本学期单元主题准备图片,儿童抽图片,用英语描述图片,说 2—3 句话即可得分,说 1 句话得 1 颗星,说 2 句话以上得 2 颗星。表达准确清楚,无语法错误得 3 颗星。共计 3 颗星。

第四关:A Wonderful Journey(奇妙之旅)。根据抽到的单词或图片,围绕主题,演讲或表演。共计 5 颗星。

(二)"和美赛事"的评价要求

在设计和实施评价的过程中,教师应充分发挥评价的积极导向作用,以激励儿童的学习兴趣和自信心为主要目的,以形成性评价为主,结合终结性评价的方式,重点评价儿童参与各种活动表现(见表 7 - 11,表 7 - 12,表 7 - 13,表 7 - 14)。

表 7-11　郑州市管城回族区回民第一小学"英语单词竞赛"评价要求表

英语单词竞赛评价标准	A	B	C	D
1. 积极参与,态度认真				
2. 书写正确、无误				
3. 书写规范、工整				
4. 语言基础知识熟练				
5. 卷面整洁				
总　评				

表 7-12　郑州市管城回族区回民第一小学"英语书法比赛"评价要求表

英语书法比赛评价标准		A	B	C	D
情感态度	积极参与,认真书写				
书写要求	1. 书写规范				
	2. 书写正确、无误				
	3. 书写工整、认真				
	4. 排版整齐				
	5. 卷面整洁				
总　评					

表 7-13　郑州市管城回族区回民第一小学"英语达人秀"评价要求表

英语达人秀评价标准	A	B	C	D
发音准确　逻辑性强				
主题鲜明　富有创意				

英语达人秀评价标准	A	B	C	D
富有表现力 感情充沛				
仪表整洁大方				
总 评				

表 7-14 郑州市管城回族区回民第一小学"星际迷航"评价要求表

	"星际迷航"闯关游戏评价标准		评 价
第一关	★★★	1个单词获得1颗星	
第二关	★★	1个问题1颗星	
第三关	★★★	2句话以上并准确无误3颗星	
第四关	★★★★★	围绕抽到的主题演讲或表演,满分5颗星	
总 评			

"和美赛事"充分发挥"以赛促学"的功能。在紧张但有趣的丰富活动中,激发儿童运用英语、表达自我、张扬个性、宣传自己的祖国等热情,从而为今后的日常学习奠定感情基础,提高英语学习的内驱力。

总而言之,"和美英语"依托学校"让真善美伴随儿童的一生"的课程理念,从儿童的实际生活经验及需求出发,合理规划课程,结合儿童的学习兴趣和能力,分年级逐步提高儿童的学习能力。同时,设计符合儿童特性的课堂教学设计和评价措施,激发儿童学习的动力,使其体会语言学习的快乐和魅力。

(撰稿者:王洪斐 李翔 李进 白静 张璐瑶 张晓娜)

后记

时节不居，岁月如流。郑州市管城回族区品质课程项目在管城回族区教育局的领导下，在上海市教育研究院杨四耕教授的悉心指导下，各实验学校学科课程群的构建得到了一次次的丰富和提升。在该过程中，教师们不断进行自我革新和头脑风暴，实现了从最初的迷茫到豁然开朗的蜕变，感受到了破茧成蝶的不易与快乐，这段经历既是研究的过程，也是成长的过程，课程的魅力在大家的通力合作与齐心协力下，得以绽放光彩。在此，我们对为这本书付出努力、做出贡献、付出心血的每一位老师表示最衷心的感谢和最崇高的敬意。

本书以《境脉学习：英语课程实施新取向》为题，围绕境脉学习的课程样态进行了探讨。我们认为，境脉学习即关注真实情境，导向真实问题，注重实践探究，寻求意义关联，引导互动思辨，不断择取重构，激发儿童内部学习动机的课程。换言之，就是通过创设或模拟真实的情境，指向真实的问题，通过外部环境的影响激发儿童的课程学习兴趣，同时引导儿童在不同的情境中不断进行互动思辨和择取重构，整体把握课程脉络，最终形成新的体系，促进课程学习。

基于此，本书从各实验学校制定的英语学科课程群中遴选了"卓雅英语""多彩英语""异美英语""灵动英语""5C英语""原味英语""和美英语"七个学科课程群，包括学校课程理念、学校课程目标、学校课程内容、学校课程实施等，这七个课程群均关注了课程境脉，注重构建情境化课堂，进一步体现了境脉学习是整合学习资源的有效途径，是激发儿童个体能力的有效手段，更是发散儿童思维的行动指引，对落实英语学科核心素养的培育很有价值意义。

学校英语课程研发和实施经验的提升，不仅为教师的课程设计提供了有效的顶层理念和参考模型，还构建了学校课程的特色和品牌文化。我们期待更多的课程建设百花齐放，我们期待更多的教师研修在路上，我们期待更多的儿童在课程学习中收获知识、快乐成长！

"品质课程"阅读书目

学校整体课程规划

学校整体课程规划的七个关键

教学诠释学

特色学校聚焦丛书

让个性自然发荣滋长："引发教育"的理论寻源与实践探索

面向每一个生命的教育

让每一个生命澄澈明亮："小水滴"课程的旨趣与创意

新劳动教育：时代意蕴与实践创新

自信教育与个性生长

跨学科课程丛书

像博士一样探究：PHD课程的创意与探索

核心素养导向的课堂教学丛书

深度教学的内在维度：数学反思性学习的六个策略

具身学习的18种实践范式

课堂是照亮彼此的地方

以学习为中心的课堂范型

简练语文：教学主张与实践智慧

课堂核心素养

特色课程建设丛书

幼儿园特色课程的框架与实施

课程是鲜活的："大视野课程"的旨趣与活性

指向核心素养培育的学校课程图谱

让儿童生活在美的世界里：幼儿园全景美育的课程探索

核心素养与学习需求：学校课程建设导引

课堂教学新样态丛书

课堂，与美最近的距离：基于学科核心素养的课堂教学变革

协同教学：意蕴与智慧

决胜课堂 28 招

一百个孩子，一百个世界：基于差异的教学变革

课堂如诗："雅美课堂"的姿态

在教室里眺望世界：基于 BYOD 的教学方式变革

课堂教学的资源设计与方式变革

学校课程变革新取向丛书

平衡性变革：学校课程建设新取向

解构性变革：学校课程发展的突破口

赋权性变革：提升学科领导力

整合性变革：特色学科的内在生长

内生性变革：学科课程的生成机理

审美性变革：学校课程的诗意境界

课程育人新坐标丛书

学校课程的统整之道

教室里的课程

儿童立场的课程探索

童味园课程：这里有最难忘的童年

具身课程：语文学科课程新样态

让每一个孩子体验创新的激情："智慧树课程"的探索与实践

境脉学习：英语课程实施新取向

学校整体课程探索丛书

学校整体课程的文化逻辑

学校整体课程的深度实施

课程治理新范式丛书

以学生为中心的教育治理